艺术体育
高校学术研究论著丛刊

# 我国体育旅游产业协同管理与科学发展研究

刘跃东 著

中国书籍出版社
China Book Press

图书在版编目(CIP)数据

我国体育旅游产业协同管理与科学发展研究/刘跃东著.--北京：中国书籍出版社,2020.10
ISBN 978-7-5068-8048-0

Ⅰ.①我… Ⅱ.①刘… Ⅲ.①体育-旅游业发展-研究-中国 Ⅳ.①F592.3

中国版本图书馆CIP数据核字（2020）第206261号

## 我国体育旅游产业协同管理与科学发展研究

刘跃东 著

| 丛书策划 | 谭　鹏　武　斌 |
| --- | --- |
| 责任编辑 | 李　婧 |
| 责任印制 | 孙马飞　马　芝 |
| 封面设计 | 东方美迪 |
| 出版发行 | 中国书籍出版社 |
| 地　　址 | 北京市丰台区三路居路97号（邮编：100073） |
| 电　　话 | （010）52257143（总编室）　（010）52257140（发行部） |
| 电子邮箱 | eo@chinabp.com.cn |
| 经　　销 | 全国新华书店 |
| 印　　厂 | 三河市德贤弘印务有限公司 |
| 开　　本 | 710毫米×1000毫米 1/16 |
| 字　　数 | 205千字 |
| 印　　张 | 14.75 |
| 版　　次 | 2022年1月第1版 |
| 印　　次 | 2022年1月第1次印刷 |
| 书　　号 | ISBN 978-7-5068-8048-0 |
| 定　　价 | 75.00元 |

版权所有　翻印必究

# 目 录

第一章 导 论……………………………………………1
    第一节 问题的提出与研究意义…………………………1
    第二节 国内外研究现状……………………………………7
    第三节 研究思路与框架……………………………………11
    第四节 研究方法及创新点…………………………………14

第二章 我国体育旅游产业协同管理的理论基础…………27
    第一节 体育旅游产业协同管理的内涵阐释……………27
    第二节 体育旅游产业协同管理体系的理论来源………32
    第三节 体育旅游产业协同管理的机制与可行性分析…41

第三章 我国体育旅游协同发展中的相互关系分析………54
    第一节 体育旅游与社会经济协同发展…………………54
    第二节 体育旅游与城市圈协同发展……………………62
    第三节 体育旅游与社会休闲协同发展…………………69
    第四节 体育旅游与生态环境协同发展…………………75

第四章 我国体育旅游产业协同管理与发展态势分析……81
    第一节 我国体育旅游资源的开发现状…………………81
    第二节 我国体育旅游参与现状与分析…………………86
    第三节 我国体育旅游产业协同管理与
           发展中存在的问题……………………………93

第五章 我国体育旅游市场的开发与协同管理研究………97
    第一节 体育旅游目标市场的选择………………………97

·1·

第二节　体育旅游市场的开发、规划与营销 …………… 100
　　第三节　体育旅游市场管理体系建设……………………… 106
　　第四节　体育旅游政策体系建设…………………………… 113
　　第五节　典型体育旅游市场的开发与管理………………… 119
　　第六节　区域体育旅游市场的开发与管理………………… 125

第六章　我国体育旅游产业的集群化发展与
　　　　　竞争力提升的策略…………………………………… 133
　　第一节　体育旅游产业集群理论…………………………… 133
　　第二节　体育旅游产业集群的构建………………………… 137
　　第三节　体育旅游产业竞争力提升策略…………………… 145

第七章　特色体育旅游产业的协同发展……………………… 164
　　第一节　体育赛事旅游的协同发展………………………… 164
　　第二节　冰雪体育旅游的协同发展………………………… 173
　　第三节　少数民族体育旅游的协同发展…………………… 184

第八章　个案分析——宁夏沿黄生态经济带体育
　　　　　旅游产业协同管理的反思与展望…………………… 197
　　第一节　宁夏体育旅游资源的现状分析…………………… 197
　　第二节　宁夏沿黄生态经济带体育旅游
　　　　　　协同管理现状与存在问题………………………… 209
　　第三节　宁夏沿黄生态经济带体育旅游
　　　　　　协同管理的策略…………………………………… 218

参考文献………………………………………………………… 226

# 第一章 导 论

随着我国体育事业的不断发展,我国体育产业的规模也逐渐扩大,体育产业与其他领域之间的融合也越来越密切,如体育产业与旅游产业的结合就是一个很好的例子。体育旅游产业可以说是一个新兴的产业领域,其发展符合现代社会发展的潮流,不论是对于我国体育事业还是整个社会经济的发展都具有重要的意义。因此,加强体育旅游产业发展的研究是尤为必要的。

## 第一节 问题的提出与研究意义

### 一、问题的提出

#### (一)体育产业结构优化升级的需要

随着现代社会的不断发展,科学技术水平也越来越高,在这样的背景下,社会各行各业的竞争也越来越激烈,以往那种单一行业的产业部门已不再适应现代经济社会发展的要求,竞争力逐渐下滑。以体育产业和旅游产业为例,他们在发展的过程中也遇到了这样的问题,出现了一定的发展瓶颈,而要想解决这一问题,首先就要做好充分的市场调查,了解制约二者发展的因素,然后采取有针对性的措施和手段促使产业结构的优先与升级。由此可见,加强体育产业与旅游产业的融合、协同与发展是促进我国体育产业结构优化与升级的需要,这主要体现在以下几个方面。

1. 人员结构方面

在人员结构这一方面,各个行业都有专业的人才,体育产业与旅游产业领域也不例外。由于体育旅游产业属于一项新兴的产业内容,其发展需要既懂得体育产业理论又懂得旅游产业理论以及具有相关经验的"一专多能"的人才,只有这样才能促进体育旅游产业的融合与发展。以体育为特色的旅游项目,如漂流、攀岩等,这些项目具有一定的安全风险,人们参加这些体育旅游活动,需要有专业的人才在旁进行指导和帮助,这些专业人才需要具备良好的体能、扎实的运动专业技术、丰富的旅游管理知识等。只有如此才能保证体育旅游活动的顺利进行。

2. 投入结构方面

在投入结构方面,我国体育产业发展的大部分资金都来源于政府部门的拨款,在政府部门的扶持下往前发展。但随着现代社会的不断发展,这一模式呈现出一定的弊端。为适应现代社会发展的要求,必须要加强投入结构的升级与优化,使其走向多样化的发展道路。如可以充分调动社会力量,吸纳社会力量加入其中,努力改善体育资金投入的结构,真正实现体育产业化发展。而对于旅游产业而言,也可以借鉴和采用这一模式,二者相互促进、相互推动,实现共同发展。

3. 设施结构方面

在设施结构方面,任何产业的发展都离不开一定的物质基础,体育产业与旅游产业的发展更是如此。在体育产业发展的物质基础中,场馆设施建设是非常重要的一方面。在现代社会不断发展的背景下,体育场地已经不仅仅局限于与体育有关的场馆设施,而且蔓延到各个行业部门,如旅游产业部门。目前有很多的旅游景区跟随时代发展的潮流和形势开设了一些富有创意和趣味性的活动项目,如定向越野、各种类型的闯关活动等,而这些活动设施的建设需要与各产业做好沟通。

4. 产品结构方面

在产品结构方面,体育产业与旅游产业也可以相互融合与发展。体育产品可以分为有形产品与无形产品两大类,有形产品如体育服装、鞋帽等,能够运用到休闲旅游市场中,而无形产品如体育咨询服务、教育培训等,同样也可以运用到旅游产业部门。除此之外,体育产业与旅游产业还有非常强的关联性,如各种类型的体育竞赛表演能吸引大量的体育爱好者参与其中,这对当地旅游产业的发展也能起到重要的作用,能促进当地旅游经济的发展。

如今,旅游产业体系越来越丰富和完善,但要想获得更进一步的发展,还需要新的血液加入其中,体育产业的发展就为其提供了这样一个良好的途径,通过体育产业与旅游产业的结合,二者能实现协同发展。因此说,实现产业结构优化升级的最佳选择便是走产业整合及协同道路。体育产业与旅游产业的结合就是一个很好的例证。

(二)实现"文化大发展"战略的需要

随着现代社会的不断发展,世界上各个国家都非常重视本国的文化软实力发展,将其作为提高综合国力的重要因素进行考虑。对于那些发达国家而言,他们更是凭借自己强大的经济实力和科技实力,大力实施文化扩张战略,用文化输出去影响其他国家和地区的人们。在这样的背景下,我国能否站稳脚跟,紧跟时代发展的形势,实现社会主义现代化建设的目标,这不仅取决于经济实力和科技实力,还有赖于文化实力的发展,因此在这样的形势下,我国就提出了"文化大发展"的战略,将提高我国的文化软实力作为一个重要的发展目标。

在国家文化软实力发展体系之中,体育文化实力是其中非常重要的一方面。伴随着当今体育产业化的迅速发展,各个国家都非常重视体育文化及周边产业的发展。因此,研究体育产业及旅游产业等的协同发展,不仅是我国体育事业发展的需要,同时也是我国文化大发展的需要。在当前我国"文化大发展"战略及民族伟大复兴的建设道路上，加强体育产业与旅游产业的协同发展具有重要的意义。

（三）贯彻十九大对体育事业发展的需要

2017年10月，中国共产党第十九次全国代表大会在北京召开，本次会议是我国特色社会主义发展关键时期的一次会议，它对于推动我国的社会主义现代化建设，开创具有中国特色的社会主义事业新局面具有深远的影响和意义。在本次会议的相关报告中，为我国体育事业的发展也指出了明确的方向。同时也对体育工作者提出了新的工作要求，要求体育工作者必须要肩负起应有的责任，为我国体育事业的繁荣发展贡献自己的力量。

伴随着我国全民健身运动的发展，在社区、公园、广场等社会各个角落都能看到人们参加各种体育活动的身影，这是一道美丽的风景线。另外，在我国旅游产业不断发展的背景下，人们也能在旅游地参加各种各样的体育赛事或表演活动，一部分体育爱好者在参加体育活动时还能带动当地旅游业的发展，由此可见，体育产业与旅游产业之间有着密切的联系，加强二者的融合、协同与发展不仅是体育事业发展的需要，同时也是旅游产业发展的需要，这非常符合党的十九大提出的推动我国社会主义现代化建设的要求。

（四）体育产业与旅游产业发展的大势所趋

伴随着现代社会的不断发展，旅游产业及体育产业的发展规模不断扩大，影响力也越来越深远，已渗透到社会各个领域和层面。以上我们分析到，体育产业与旅游产业之间的关系非常密切，加强二者之间的协同发展很有必要。可以说，二者的协同发展具有重要的意义，是现代社会未来发展的趋势。

（1）当前，我国体育产业的发展进入了一个新的阶段，其发展面临着巨大的压力，各种大型体育赛事的举办能在一定程度上推动当地经济的发展,参赛者或观看体育赛事的爱好者能在赛事举办地参加各种观光等活动,因此也能促进当地旅游业的发展,由此可见二者的融合与发展非常重要。

(2)体育产业与旅游产业的协同发展已被证明是非常有效用的一个途径,促进二者之间的联系与发展,对于优化产业布局,促进体育事业及旅游事业,乃至国家社会经济的发展都具有重要的作用和意义。

(3)人们通过参加各种各样的体育旅游活动,不仅锻炼了身体,还极大地丰富了精神文化生活,提升了人们的生活品质。

在当今全球一体化发展的背景下,要想促进体育旅游产业的协同发展,就要对各个体育产业部门及旅游部门的产业化发展进行深入的探索。以往那种单一的体育产业发展模式已不再适应现代社会的发展需求,需要进一步激发其潜能,实现与时俱进的发展。我国地大物博,有着得天独厚的自然与人文景观,这为旅游产业的发展奠定了良好的基础,而借助旅游产业的发展也能在旅游地举办一些体育活动,二者合作是时代变迁的必然趋势。

## 二、研究意义

近年我国社会经济的发展非常迅速,取得了令人欣喜的成果。在这样的背景下,我国产业市场规模逐步扩大,各产业领域也进入了一个快速发展的阶段,其中体育旅游产业作为一个新兴的产业集群也得以迅速发展。在新的时代背景下,研究我国体育旅游产业具有强烈的理论意义与现实意义。

(一)理论意义

该研究涵盖理论与实践两个部分,其中理论部分涉及体育产业发展理论、协同管理理论、产业融合机制与理论、体育旅游市场开发理论、体育旅游集群化发展理论等多个方面。通过这些理论的研究能极大地丰富与完善我国体育旅游产业的理论研究体系。

## （二）现实意义

由于我国体育旅游产业的发展时间较短，因此无论是体育旅游产业理论研究还是实践方面的研究都处于一个落后的水平。尽管如此，我国体育旅游产业的融合、协同发展的研究也取得了一定的成效。本书关于体育旅游产业协同管理与发展的研究主要集中于以下几个方面。

第一，关于体育旅游与社会各要素协同发展的研究，能为我国社会经济的发展提供一定的动力和借鉴，表现出一定的经济价值与意义。

第二，关于体育旅游产业协同管理与发展态势的研究，不仅调查与分析了当前我国体育旅游产业发展的现状，而且指出了体育旅游产业发展中存在的问题，能为我国体育旅游产业协同发展体系的构建提供一定的事实依据。

第三，本书还涉及体育旅游产业的实践内容，如体育赛事旅游、冰雪体育旅游、少数民族传统体育旅游等内容，这些内容的研究能为我国其他旅游产业的发展提供可靠的经验和参考，具有重要的参考价值。

第四，本书还重点研究了宁夏沿黄生态经济带体育旅游产业协同管理的个案，不仅调查了这一地区的体育旅游产业发展的现状及问题，还提出了相应的解决对策，能为其他地区体育旅游产业的协同发展提供良好的建议。

总之，关于体育旅游产业协同管理与发展的研究不仅能极大地丰富当前我国体育产业理论研究体系，还能为我国体育旅游产业的可持续发展提供必要的借鉴，表现出突出的理论意义与现实意义。

## 第二节 国内外研究现状

### 一、国内关于体育旅游产业的研究

国内关于体育旅游产业的研究主要集中于协同理论与实践方面的研究、体育产业与旅游产业的协同发展两个方面。

（一）协同理论与实践的研究

我国关于协同理论与实践的研究，主要由以下几位专家级学者进行更深一层的研究，并取得了一定的研究成果。

舒宗礼等人（2010）对体育旅游做出了深刻的研究与分析，其研究主要涉及体育旅游资源的特点和体育旅游资源的开发两个方面。其中，体育旅游资源的开发是重点，他提出，要采取各种手段与措施不断挖掘各具地域特色的体育旅游资源，以此吸引广大的旅游爱好者，促进我国体育旅游业的进一步发展。为促进体育旅游产业的快速发展，必须要抓住时代发展的形势，加强体育旅游资源的开发，为促进体育旅游产业的发展奠定良好的物质基础。

陈艳松等人（2010）认为，随着现代社会的快速发展，体育旅游必将散发出巨大的潜力。在人们生活水平日益提高的背景下，人们已不再满足于单纯的观光旅游，而是追求更加多元化的元素，于是体育元素的加入就极大地丰富了旅游本身的内容，不仅能充分满足人们的生理需求，还能满足人们的精神文化需求，二者的协同发展符合现代社会发展的要求，也符合人们的审美观念和精神需求。

邢中有（2010）认为，在未来体育旅游产业发展的过程中，一定要充分发挥其资源的整合优势，实现良好的经济效益。第一，充分发挥体育旅游产业的关联效应，带动其他产业部门的发展；

第二,体育旅游产业的分工更加精细化,伴随着影响力的逐步扩大,能吸引大量的社会投资,从而获得理想的经济效益;第三,体育产业与旅游产业的协同发展能吸引大量的体育爱好者及旅游爱好者,从而实现良好的经济效益。

杨强(2013)认为,体育产业的发展并不是孤立的,而是与其他产业有着非常密切的关系,通过各种手段的利用能够实现各自资源的整合与发展。体育旅游产业的发展具有一定的关联性特征,随着现代体育产业的不断发展,各产业部门之间的联系日益紧密,企业间的竞争愈加激烈,体育产业相关部门的竞争与发展不仅能带动服装、器材等行业的发展,而且还能有效带动城市旅游业及其他产业的发展。

田启(2014)认为,我国体育产业与国外发达国家相比还存在不小的差距,但近年来的发展速度非常之快,取得了不错的成绩。要想获得进一步发展,就必须要在全球一体化发展的今天,借鉴先进国家的经验,加强体育产业内部各部门之间的整合与发展。其中,体育旅游业就是推动我国体育产业发展的突破口。

田启(2014)认为,现代社会,体育产业在人们的日常生活中将扮演着越来越重要的角色。体育产业的发展与人们的健康发展有着极为密切的关系。他认为体育产业与旅游产业会产生良好的耦合效应,这一耦合效应会进一步提升体育产业发展的规模,促使体育产业结构的优化与升级,二者的结合可以说是大势所趋。

(二)体育产业与旅游产业协同与融合发展的研究

邢中有(2010)认为,体育旅游产业是现代社会及体育产业发展到一定阶段的产物,伴随着时代的发展,各行各业之间的融合与沟通更加亲密,体育旅游产业就是在这样的背景下产生的。他将体育产业与旅游产业的融合分为产业间横向拓展融合和产业延伸交叉式融合两种形式,并针对当前体育旅游产业发展的现状及存在问题提出了一定的见解。

黄海燕(2011)认为,体育产业和旅游产业的耦合是现代社会发展的必然,二者的耦合性发展有利于各资源的整合,有利于充分发挥整体优势,这对于推动体育产业及旅游产业的发展都具有重要的意义。

张瑞林(2011)认为,要想促进体育产业的进一步发展,需要今后加强体育赛事资源的整合,创新体育产业发展的新机制和新模式,加强与其他产业之间的互动与交流,其中体育产业与旅游业的融合非常有代表性和光明的发展前途。

雷波(2012)根据产业耦合理论,提出了体育产业与旅游产业相融合的几种模式,即渗透融合、重组融合和延伸融合,并指出在其融合与发展的过程中,要实现资源共享与互补,充分利用现代科技手段加强二者的融合与发展。

杨卫武等人(2012)认为,加强体育产业与旅游产业的整合对于二者的发展都具有重要的意义,二者可以在很多方面进行融合与发展。随着时代的发展,文化创意、影视传媒等方面都呈现出体育产业与旅游产业整合与发展的迹象,目前体育旅游观光、体育赛事旅游等都获得了不错的发展,这为其他形式的整合提供了不错的思路。

刘晓明(2014)认为,体育产业与旅游产业的融合与发展需要政府、企业和市场三方的共同努力,只有这三个方面得到良好的衔接,才能创造出良好的发展局面。

李燕燕等人(2014)认为,体育产业与旅游产业的整合与发展是一个动态的过程,这一发展过程涵盖多方面的要素,在二者整合与发展的过程中,要充分考虑那些主导因素,采用适宜的模式推动其融合与发展。如市场共拓式、资源互享式等都是较好的发展模式。

张林玲(2015)指出,在当前背景下,体育产业与旅游产业的融合度还比较低,之所以出现这种情况的主要原因在于体育产业的发展水平要远远落后于旅游产业发展水平,这使得二者在融合与发展中受到一些阻碍。

综上所述,关于体育旅游产业协同发展的研究,在现阶段还处于一个起步阶段,研究的重点主要集中于二者融合的意义、现状以及一些其他方面的基础性因素,关于二者融合与发展的实证分析相对较少。因此,本书结合产业协同理论以及当前体育产业与旅游产业发展的现状,试图寻求促进二者融合与发展的策略或路径,从而促进我国体育产业与旅游产业的共同发展。

## 二、国外关于体育旅游产业的研究

1966 年,英国一部分专家及学者对体育和旅游二者之间的关系做了认真的研究与分析。这可以说是体育旅游产业融合与发展的一个起点,但也仅限于理论方面的研究,重点是研究二者融合的可能性。

Ghris Gratton(2000)等人重点研究了欧洲游泳锦标赛和欧洲杯等大型体育赛事对体育旅游经济方面的影响,初步得出了一定的结论。

Tureo(2002)等人运用管理学的基本理论研究与分析了体育旅游管理和营销的相关内容,这为后来体育旅游产业的研究提供了一定的参考与借鉴。

Thomas Hunch(2003)等人重点归纳与研究了体育旅游产业的发展进程,为后来体育旅游产业融合与发展的研究提供了必要的资料与信息。

Simon Hudson(2003)经过多年的研究构建了体育旅游动态发展的模型,这不仅丰富和完善了体育旅游产业的理论体系,而且为体育旅游业的经营与管理者提供了良好的思路。

Gregory Ramshaw(2014)认为要想更好地促进体育旅游产业的发展,需要加强体育旅游产业的宣传与推广,不断开发各种形式的体育旅游资源,在资源开发的过程中还要注意对周边环境的保护。

Tom Hinch,Gregory Ramshaw(2014)详细分析了加拿大体

育旅游的发展现状,总结出了其发展的优势与劣势,认为其发展具备一定的竞争力。

Weiler Katrin(2016)仔细研究与分析了越野滑雪赛对体育旅游经济的影响,指出了这项体育旅游明星产品发展的优势所在,倡导整合各相关企业及相关资源,从而实现体育旅游产业发展的目标。

Alexandris(2017)等人研究与分析了影响体育旅游产业发展的因素,调查了人们对体育旅游市场发展的诉求,指出体育赛事旅游的"明星效应"和人们对体育赛事的需求是促进体育旅游产业市场发展的重要因素。

综上所述,与我国相比,国外关于体育旅游产业协同发展的研究在时间上要更早一些,研究的内容也更加丰富和完善,研究也更加深入。研究内容主要包括体育旅游产业的影响力、体育赛事和旅游协同发展的现状与策略、体育赛事旅游的发展等几个方面。除了体育旅游产业的理论研究外,还涉及其发展的一些实证分析,从不同角度研究与分析了体育旅游产业融合与发展的策略。这是我国体育旅游产业发展的研究比较欠缺的。总之,与我国相比,国外关于体育旅游产业协同发展的研究已形成了一个比较完善的体系,研究的内容较为丰富,这对我国体育旅游产业发展的研究具有一定的借鉴意义。

## 第三节 研究思路与框架

### 一、研究思路

随着 2022 年京张冬奥会的申办成功以及日益临近,我国体育旅游产业迎来了一个快速发展的时期。本书以协同管理理论为指导,本着与时俱进发展的眼光对体育旅游产业展开细致的研究与分析。拟从协同管理与发展理论入手,为体育产业的发展奠定必要的理论基础。然后调查与分析体育旅游产业发展的现状,为本书关于体育旅游产业协同发展的研究提供一定的事实依据,最后研究体育旅游产业如何实现协同管理与发展。

### 二、研究框架

本书的研究框架主要分为理论与实践两个部分,理论方面主要包括体育旅游产业相关的理论、体育旅游产业协同管理理论等内容,实践部分主要包括体育旅游市场开发、体育旅游集群化发展、典型体育旅游产业的发展等内容。具体来说,本书的研究框架如下所述。

(1)导论。主要包括以下内容:

问题的提出与研究意义;

国内外研究现状;

研究思路与框架;

研究方法及创新点。

(2)我国体育旅游产业协同管理的理论基础。主要包括以下内容:

体育旅游产业协同管理的内涵阐释;

体育旅游产业协同管理体系的理论来源;

体育旅游产业协同管理的机制与可行性分析。

(3)我国体育旅游协同发展中的相互关系分析。主要包括以下内容:

体育旅游与社会经济协同发展;

体育旅游与城市圈协同发展;

体育旅游与社会休闲协同发展;

体育旅游与生态环境协同发展。

(4)我国体育旅游产业协同管理与发展态势分析。主要包括以下内容:

我国体育旅游资源的开发现状;

我国体育旅游参与现状与分析；

我国体育旅游产业协同管理与发展中存在的问题。

（5）我国体育旅游市场的开发与协同管理研究。主要包括以下内容：

体育旅游目标市场的选择；

体育旅游市场的开发、规划与营销；

体育旅游市场管理体系建设；

体育旅游政策体系建设；

典型体育旅游市场的开发与管理；

区域体育旅游市场的开发与管理。

（6）我国体育旅游产业的集群化发展与竞争力提升的策略。主要包括以下内容：

体育旅游产业集群理论；

体育旅游产业集群的构建；

体育旅游产业竞争力提升策略。

（7）特色体育旅游产业的协同发展。主要包括以下内容：

体育赛事旅游的协同发展；

冰雪体育旅游的协同发展；

少数民族体育旅游的协同发展。

（8）个案分析——宁夏沿黄生态经济带体育旅游产业协同管理的反思与展望。主要包括以下内容：

宁夏体育旅游资源的现状分析；

宁夏沿黄生态经济带体育旅游协同管理现状与存在问题；

宁夏沿黄生态经济带体育旅游协同管理的策略。

## 第四节 研究方法及创新点

### 一、研究方法

#### (一)文献研究法

文献研究法是课题研究最为常用的一种方法,本书在撰写的过程中也采用了大量文献研究的方法,通过搜集体育旅游产业相关的文献资料,从中选取对本研究有用的信息,然后归纳、整理,以便做进一步的分析。关于本研究的文献资料研究法主要是在众多的关于体育产业与旅游产业相关的文献中选取最适用于本研究的书籍和资料,从中择取有用的信息。

1. 文献研究法的优缺点

一般来说,文献研究法能帮助研究者很好地把握事物的特点,了解事物发展的客观规律,从而为课题研究提供有效的帮助。文献研究法的优点主要表现在以下几个方面。

第一,通过文献研究法的应用,可以帮助研究者搜集到年代久远的历史资料,能帮助研究者以历史的眼光去分析问题,更好地把握事物发展的趋势。

第二,文献研究法主要是通过图书馆或资料室中现成的图书、期刊、网络数据库等途径来获得资料,获取资料的途径比较广泛,并且经济实惠,不需要耗费大量的精力。

当然,文献研究法也有一些缺点,这主要表现在以下几个方面。

第一,文献资料非常多,其中很多资料的质量参差不齐,需要研究者具有丰富的经验去判断资料是否具有利用的价值,因此对研究者的综合素质要求较高。

第二,文献资料研究法这一研究方法比较单一,要结合其他研究方法综合利用,这样才能取得理想的研究成果。

第三,当前,关于体育旅游产业研究的相关资料并不多,搜集起来存在一定的困难。

2.文献研究法的实施步骤

文献研究法的实施主要包括以下几个步骤。

(1) 提出课题或假设

研究体育旅游产业,首先就要针对这一课题研究提出一定的问题或假设,如对体育旅游产业协同发展的研究、对典型体育旅游产业个案的研究等。

(2) 设计研究方案

在确定课题之后就需要制订一定的研究方案,研究方案的制定是建立在充分的调查基础之上的,讲究一定的方式和方法,要依据体育旅游产业课题研究的相关特性科学地进行设计,制订的方案要科学、合理,具有较强的可操作性。

(3) 搜集文献资料

在体育旅游产业的研究方案设计完成后,还需要搜集与本研究相关的各种资料或信息,并将搜集到的信息和资料集中起来,以便做进一步的研究与分析。

(4) 分析整理文献

在搜集到必要的体育旅游产业的资料之后,就要对这些资料进行归纳、整理、鉴别与分析,筛选出对本研究有用的资料或信息,需要注意的是,要运用科学的方法对这些文献资料进行分析和研究,找出各类资料之间的相互关系,揭示课题研究的本质,从而得出一定的研究结论。

(5) 表述研究成果

在整理与分析体育旅游产业的文献资料后,会得到相应的研究成果,然后就需要依据这些研究成果撰写研究报告来陈述研究结果。这是文献研究的最后一个步骤,这一步骤非常重要,要求研究者必须具备良好的陈述能力。

## （二）观察研究法

观察研究法也是课题研究较为常用的一种方法。这一方法主要是运用直接观察或间接观察等方法来研究体育旅游产业中存在的各种现象或问题。在体育旅游产业协同管理与发展的研究中，观察法主要用于观察体育旅游参与者的各种表现、体育旅游经营者的各种行为等。这也是研究体育旅游产业必不可少的一种方法。

### 1.观察研究法的特征

总体而言，观察研究法主要具有以下几个特征。

第一，研究体育旅游产业的主要目的在于如何促进二者的融合、协同与发展，只有明确了研究的目的，研究才能有的放矢，才能保持观察的客观性和准确性，从而得出客观准确的研究结论。

第二，对体育旅游产业中的相关人员及行为进行观察时，需要事先做好充分的理论准备，如制订好观察计划等。

第三，在观察的过程中，需要准确掌握观察对象的一切行为表现，如体育旅游爱好者参与体育旅游活动的时间、经济条件、参与次数和参与频率等，并做好详细的记录。

第四，观察并验证所获得的研究结果，以保证这一结果不是偶然得到的，这一方面需要研究者具备出色的体验研究水平。

第五，观察者必须具有一定的专业性，能灵活处理观察过程中发生的一些问题。

### 2.观察研究法的类型

观察研究法有多种类型，在体育旅游产业的研究中，运用观察法时，可以采用以下三种。

（1）描述性观察法

描述性观察法就是观察者仔细观察并记录体育旅游产业活动中的人物表现及事件发展情况，用描述性的语言将其准确地叙述出来,要求观察者必须要具备出色的观察能力和写作能力。

一般来说,常用的描述性观察法主要有日记描述法、连续记录法两种。

日记描述法就是观察者对参与体育旅游活动的人员的行为进行反复观察,并详细记录各种消息的方法。一般情况下,日记描述法阐述的内容可以是体育旅游参与者的情绪体验、体育旅游消费者的消费行为等,这些内容都可以以日记描述的形式记录下来,为接下来的研究提供客观的资料。

连续记录法的时间有一定的限制,那就是在规定的时间里对体育旅游活动爱好者的各种参与行为进行观察并做好必要的记录,以获得影响体育旅游活动人员参与体育活动的最重要的因素,然后针对这些要素展开更加细致的研究与分析。

(2)取样观察法

取样观察法是指对体育旅游活动参与者的行为或活动进行观察的一种研究方法。这一方法具有非常大的优点,它在一定程度上克服了描述性观察法的一些缺陷,缩短了观察者做记录的时间,能在较短的时间里获得必要的信息或资料。

(3)观察评定法

观察评定法适合绝大多数的研究,体育旅游产业的研究也可以采用这一方法。这一研究方法的操作步骤为,首先观察者观察研究对象,列出观察对象的具体行为或反应,然后根据表格的每一个项目对体育旅游活动的参与人员进行详细的记录,并做出相应的评定。

运用观察评定法观察与评定体育旅游活动参与人员时,需要注意以下几点。

第一,要明确观察的项目及内容,如要观察体育旅游活动参与人员的消费行为、参与体育旅游活动的情意表现等,这些内容对于观察者的要求较高,要求观察者必须具备丰富的观察经验。

第二,观察者可将得到的观察内容进行一定的分类和整理,并将其编制成观察表,也可以按难易程度排列,以增强观察结构的成果表向性,从而保证获得理想的观察效果。

3.观察研究法在体育旅游产业研究中的实施

在利用这一方法对体育旅游产业的发展展开观察时,需要观察者具备良好的知识储备,能切实观察到体育旅游产业活动及体育旅游者在其消费中存在的各种行为及问题,同时还要具备及时记录观察结果的能力。

## (三)调查研究法

调查研究法也是体育旅游产业研究中常用到的一种方法,这一方法主要是通过各种调查方式来了解体育旅游活动参与者的实际情况以及体育旅游产业发展的实际情况,然后从中探究体育旅游产业发展规律的一种方法。

1.调查研究法的特点

在研究体育旅游产业的过程中,调查研究是必不可少的一种方法,这一方法具有独特的特点。

(1)调查研究法不需要做各种科学实验,只需要通过对体育旅游产业的发展现状及体育旅游消费者的活动情况进行一定的考察,相对而言较为简单,具有很强的可操作性。

(2)调查研究法这一形式比较自由灵活,受影响的因素较少,通常能在相对较短的时间内搜集到各种资料,如某段时间内某一地区体育旅游参与者的人数变化情况、体育旅游活动的消费情况等,这些内容都能够通过调查研究法得到。

(3)尽管调查研究法具有一些优点,但也存在着一定的局限性。第一,这一研究法受到调查对象的制约,如果调查对象不愿意配合做调查,那么就会影响调查的结果;第二,调查方案的设计要求较高,对操作者的要求较高;第三,这一调查形式下得到的结果大多是表面的,很少涉及较为深刻的内容;第四,这一调查方法,往往带有调查者的主观倾向,会在一定程度上影响调查结果的可靠性和准确性。

（4）调查研究法具有多种多样的形式，如口头调查法、书面调查法、问卷调查法等。这些方法都能帮助研究者获得想要的资料和信息，有助于研究分析体育旅游产业发展的现状及存在的各种问题。

2.常见的调查研究法

一般来说，常用的调查研究法主要有两种，即问卷调查法和访谈调查法。这两种调查法在体育旅游产业协同发展中也得到了广泛的利用。

（1）问卷调查法

问卷调查法的应用范围非常广泛，在体育旅游产业研究中，问卷调查法也非常常用。这一方法是指根据课题研究的内容设计一系列的问题，然后以书面形式问询被调查者的意见，被调查者在问卷中写好问题的答案，调查者回收问卷并进行具体的分析与判断，以获得与研究课题相关的信息的研究方法。这一方法在各项课题研究中应用得最为广泛。该研究法具有以下几个步骤，研究者要严格按照以下步骤展开调查与研究。

①设计调查问卷

问卷调查法要求调查者必须具备良好的设计问卷的能力，设计的问卷越合理就容易得到真实客观的调查结果。

首先，根据体育旅游产业发展的情况进行整体的构思。依据调查的目的及要求，划定需要调查的范围，确定调查的对象，设计出问卷的大体框架。

其次，要仔细设计问卷的各类问题，这是问卷调查法的核心内容。在设计调查问题时，需要注意以下几点要求。

第一，设计的问题要短小精悍，简洁直接。

第二，设计的问题要通俗易懂，避免出现可能引起歧义的问题。

第三，设计的所有问题密切围绕体育旅游产业内容进行，无关的内容或问题要删除。

第四,提问的语气要随和,使人舒服,能引起被调查者的共鸣。

第五,要设身处地地为被调查者考虑,避免那些他们不方便回答的问题。

在设计答案时要注意以下几方面的问题。

第一,设计的答案切忌烦琐,要简单明了,一看便懂。

第二,设计的答案要正确,经得起推敲。

第三,设计的答案要有针对性,不能似是而非或者答非所问。

第四,设计的答案要相互保持独立,不能出现重叠或者相互包含的情况。

第五,答案要直接,具有一定的量化标准,不能模棱两可。

在设计指导语时要注意以下几方面的问题。

第一,指导语要简明易懂,便于被调查者查看和填写。

第二,指导语要与问题的答案有密切的联系,不能割裂开来。

第三,根据具体实际试用和修改问卷。在设计完调查问卷后,还要看问卷设计得是否合理、科学,要根据调查的实际情况进行有针对性的修正和完善。

第四,定稿。在试用与修改调查问卷之后,对信度和效度做一定的预测,当问卷完全符合要求时,就可以正式定稿付印。

②实施问卷调查

在确定好问卷之后,就需要确定调查人员的范围,然后发放问卷,展开调查活动。随着社会的不断发展,问卷发放的形式也逐渐多样化,如今网络派发问卷的形式受到青睐,这一形式快速便捷,相比以往的实地调查,效率要高一些,也能获得不错的调查效果。

在问卷调查实施的过程中,需要注意以下几点。

第一,要事先确定合适的调查对象,如调查体育旅游资源开发情况,就要将体育旅游资源作为调查对象,而不是体育旅游产业。这一点非常重要。

第二,调查对象的选择必须要符合统计学的基本规律,如调查宁夏沿黄经济带的体育旅游发展情况,就要按照统计学的观点,随机选取该地区的调查对象展开调查活动。

第三,在派发调查问卷时,调查者要鼓励被调查者按照自己真实的想法去作答,以获得真实客观的调查结果。

③整理和总结

当问卷调查结束后,调查者就要审核调查到的各种资料和信息。审核的内容主要是看调查问卷是否完整,是否符合一定的逻辑。审核整理完成后,还要对这些资料进行一定的统计和分析,最后形成一定的结论,以报告的形式呈现出来。

(2)访谈调查法

访谈调查法是指调查者有目的、有计划地通过与被调查者面对面交谈来收集所需资料的调查研究方法。这种调查研究方法在各类课题研究中都得到了一定的使用。在本书中,关于体育旅游地民众对体育旅游产品喜好度的调查就可以采用这一方法。通过这一方法能获得体育旅游参与者对当地体育旅游资源的认可程度。

访谈调查法,可以是面对面的个别访谈,也可以是团体访谈,还可以利用互联网形式展开访谈。其目的都在于获得真实客观的访谈结果。访谈的内容主要有课题、步骤、重点、提问形式、指标系统、记录表格等多个方面,这些方面可以做具体的调整,具有非常大的弹性,访谈人员要充分利用自身的特点和优势对对象展开访谈。

(四)行动研究法

行动研究法也被称为"实践研究法"。这一研究方法应用得非常广泛,在各项研究中都是必不可少的一种研究方法。因为只有通过实践的检验才能验证研究理论是否成立。

## 1. 行动研究法的特点

行动研究法具有显著的特点,这些特点主要表现在以下几个方面。

(1)行动研究法主要解决一系列的实践问题,在具体的实践中会将这些问题放在首位去重点解决。例如,某一地区有着丰富的冰雪资源,以冰雪体育旅游为宣传点可以很好地吸引旅游爱好者前来参与,但在开展的过程中却存在不少问题,就可以运用行动研究法来分析解决这些问题的方法。由此可见,行动研究法注重实用性,能解决实践中的一些问题。需要注意的是,这一研究方法注重实践,并不是忽略理论,它主张以先进的理论指导实践活动的改进与完善,也十分强调理论与实践的结合。

(2)行动实践法强调研究者亲身参与实践工作,在参与工作中获取研究成果并将其应用于研究之中。

(3)由于体育旅游产业属于新兴的第三产业,其中包括诸多复杂因素,这决定了行动研究法不受传统研究范式的限制,可以灵活选用研究所需要的研究方法。[1]

## 2. 行动研究法的实施步骤

行动研究法在实施的过程中主要有以下几个步骤。

(1)计划阶段

计划阶段是整个行动研究的重要基础,在体育旅游产业协同发展研究中,这一阶段的任务主要是确定体育产业与旅游产业如何结合、协同与管理中的各个问题,然后制订相应的计划展开具体的研究。

在确定行动研究的问题时,要注意以下几点。

第一,确定的问题应具有一定的直接性、微观性和特殊性。

第二,确定的行动研究问题应是客观存在的。

---

[1] [美]威廉·维尔斯曼著,袁振国译.教育研究方法导论[M].北京:教育科学出版社,1997.

在制订研究计划时,需要注意以下几点。

第一,主要分为总体计划和具体计划两大类,总体计划是关于全面安排的计划,而具体计划则是关于具体安排的计划。二者的范围存在一定的不同。

第二,在制订计划时,研究者需要考虑多方面的因素,然后制定出切实可行的研究计划。

第三,研究计划不仅要具有较强的可操作性,而且还要富于变化,具有很强的适应性。

第四,研究计划要符合研究事实,具有较强的科学性和合理性。

（2）行动阶段

行动阶段主要是实际操作过程和计划付诸实施的过程。这一阶段的主要任务是研究体育旅游产业如何协同与发展,解决协同与发展中的各个问题。

在这一阶段研究中,主要是做好两方面的工作,一方面要注意研究过程与行动过程的统一;另一方面要处理好行动研究与其他工作之间的相互关系。

（3）考察阶段

考察阶段是对研究对象各方面进行观察、分析与锻炼的一个过程,通过这一阶段中的各项工作的开展,研究者能充分掌握研究对象的特征与发展状况,能得到与研究对象相关的大量的资料。

为了更好地做好考察工作,研究者应注意以下几点要求。

第一,要全面地进行考察,考察体育旅游产业协同发展中的各种现象,并认真思考这些问题存在的原因。

第二,选择合理有效的考察技术对体育旅游资源开发、体育旅游产业协同发展等问题进行考察与研究。

第三,在考察的过程中,研究者应认真思考以提高行动研究的质量。

（4）反思阶段

反思阶段是指在行动和考察之后对整个行动研究过程进行

系统描述和对行动研究过程、结果进行判断和评价的过程。这一阶段的主要任务是整理分析有关体育旅游产业的各类资料,然后写出研究报告。

以上就是本研究的几个具体阶段,在体育旅游产业协同管理与发展的研究中,严格遵循以上几个步骤进行研究,使得本研究具有一定的科学性,能很好地指导实践。

（五）个案研究法

个案研究法属于一种定性研究的方法,是指运用多种方法系统地研究体育旅游产业发展情况,以获得尽可能多的相关资料,并推出一般结论的过程。如本书中的宁夏沿黄生态经济带的体育旅游产业的发展就是采用的个案研究法。

个案研究法是一种非常有效的研究方法,其目的主要有以下几点。

（1）通过个案研究法全面、如实地反映某一地区体育旅游产业的发展情况,能帮助人们清楚地认识到该地区体育旅游资源分布情况及其未来发展的潜力。

（2）解释某些特定的发展现象,如从宁夏沿黄生态经济带的体育旅游产业发展的个案中可以发现体育旅游产业活动中的各种联系,从而为其他地区体育旅游产业的发展提供必要的参考和借鉴。

（六）逻辑思维法

逻辑思维法也是一种非常重要的研究方法,在体育旅游产业研究中,也常运用这一研究方法。这一研究方法主要是通过逻辑思维对体育旅游产业发展的相关信息进行加工,使之上升为理论,对于体育旅游产业的协同发展具有重要的指导意义。

常用的逻辑思维方法主要有以下几种。

1. 比较法

比较法主要是确定对象间的差异和共同点。通过各项事物之间的比较能得到真实的数据,从而为研究提供良好的事实依据。一般来说,比较法主要有以下几种。

(1)纵向比较法,指同一研究对象不同时间的状态变化情况的比较。如体育旅游资源在不同时期的开发情况。

(2)横向比较法,指不同研究对象之间在同一时间状态差异的比较。如当前社会背景下,不同地区体育旅游资源的对比,体育旅游产业发展情况的对比。

(3)理论与事实比较法,将调查结果与已知理论进行比较的方法。如将体育旅游资源分布情况与体育旅游学相关理论做对比。

2. 分类法

分类法就是在比较的基础上根据研究对象的共同点或不同点,将其分为不同类别或组别的一种逻辑思维方法。

常见的分类法主要有以下两种。研究者可以依据课题研究的特点合理选择分类方法。

(1)表象分类法,是指以事物的表面属性或外部特征为标准进行分类的方法。如研究南北地区的冰雪体育旅游就是采用的这样一种方法。

(2)本质分类法,是指以事物的内部结构特征为标准分类的方法。

以上两种分类方法要视具体情况合理地运用,作为研究者,要充分把握这两种分类方法的特点,在具体的应用中不能出现混淆的情况。

3. 类比法

类比法是指根据研究对象相似或相同的特征而进行推理的一种方法,运用这一方法进行研究,研究者必须具备较强的逻辑推理能力。

这一种方法非常有利于研究者充分发挥自身的想象力,将两个不同的事物联系在一起进行研究,往往能获得不错的研究效果。可以说这一种方法具有很强的创造性。但是这一种研究方法所得到的结果偶然性较大,可靠性方面有所欠缺。

4. 归纳法

归纳法是指从个别事实中寻找出它们共同具有的特征,概括出一般原理的一种思维方法,归纳法在体育旅游产业的研究中也得到了一定程度的运用。这一方法也具有一定的偶然性,因此,研究者要尽可能地将观察到的所有信息记录下来,增加观察的数量和样本,这样才能保证数据的可靠性,便于归纳与整理。

5. 演绎法

演绎法是从一般到个别的推理方法,这一方法与归纳法完全相反。这一方法的运用需要研究者具备较强的演绎推理能力和分析事物的能力。演绎法发展到现在被广泛应用于各种研究中。本书中关于宁夏沿黄生态经济带体育旅游产业的研究就是采用从一般到个别的研究方法。

## 二、本研究的创新点

关于体育旅游产业协同管理与发展的研究,主要有以下几个创新点。

第一,对体育旅游产业协同理论体系的研究丰富而完善,既涵盖协同理论的具体内容,又阐述了协同理论的来源及发展机制,使得本研究的理论研究基础比较雄厚,能很好地指导实践。

第二,关于特色体育旅游产业发展的研究,如体育赛事旅游、冰雪体育旅游等,都是时下热点,具有很强的前沿性和代表性,体现出本研究与时俱进的特色。

第三,本研究注重理论与实践的高度结合,理论方面的阐述具体而深刻,实践方面的研究具有很强的代表性和可操作性,总之,本研究具有非常强的学术性和实践性。

# 第二章　我国体育旅游产业协同管理的理论基础

随着体育产业与旅游产业的不断发展以及"融合发展""协同发展"等理念的兴起,体育产业与旅游业逐步相互渗透、相互融合,形成了体育旅游产业这一新的产业形态。推动体育产业与旅游产业的协同发展,加强对二者的协同管理,对提高我国体育旅游产业的发展水平具有重要意义。本章主要就我国体育旅游产业协同管理的理论基础与分析框架展开探讨,主要内容包括体育旅游产业协同管理的内涵阐释、理论来源以及体育旅游产业协同管理的机制与可行性。

## 第一节　体育旅游产业协同管理的内涵阐释

### 一、体育旅游与体育产业的概念界定

(一)体育旅游的概念

我们从广义和狭义两个层面来界定体育旅游的概念。

广义层面上,体育旅游指的是旅游者在旅游中所从事的各种与体育相关的活动(如体育娱乐活动、身体锻炼活动、体育竞赛活动、体育康复及体育文化交流活动等)以及旅游地、体育旅游企业

及社会之间关系的总和。①

狭义层面上,体育旅游是指为了满足和适应旅游者的各种体育需求,借助各种各样的体育活动,并充分发挥其多方面的功能,使旅游者的身心得到全面协调发展,从而达到促进社会物质文明和精神文明建设、丰富社会文化生活的目的的旅游活动。② 体育旅游活动丰富多彩,大体可以将其划分为参团体育旅游活动和自主体育旅游活动两种类型,如图2-1所示。

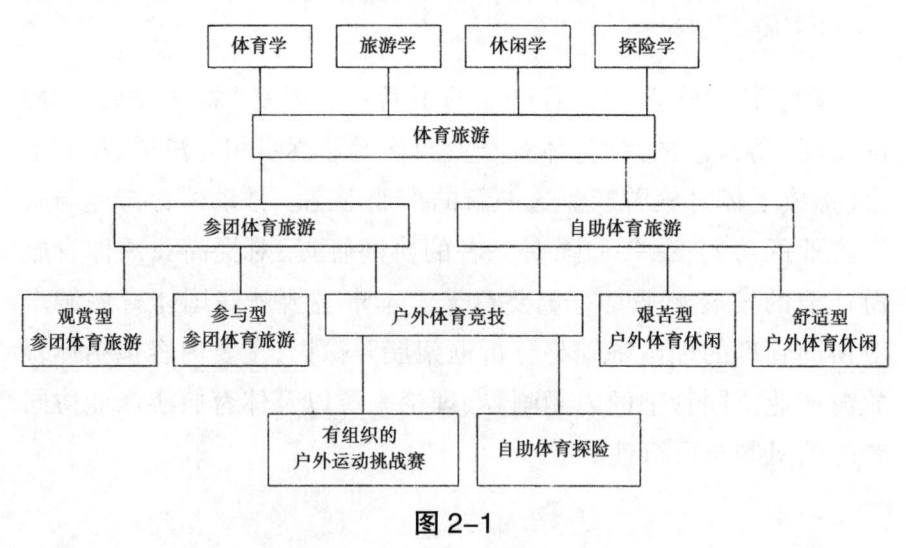

图 2-1

(二)体育产业的概念

体育产业是社会各部门开展的与体育有关的一切生产和经营活动的总和。即体育产业既包括提供有形体育物质产品的生产部门,也包括向社会提供体育服务的各部门。

体育产业包含的内容非常多,为便于归类研究,我国学者从不同角度对体育产业进行了分类,如依据体育商品的性质分为体育服务业和体育配套业(图2-2);根据体育产业链上下游关系分

---

① 闫立亮,李琳琳.环渤海体育旅游带的构建与大型体育赛事互动的研究[M].济南:山东人民出版社,2010.
② 闫立亮,李琳琳.环渤海体育旅游带的构建与大型体育赛事互动的研究[M].济南:山东人民出版社,2010.

为上游产业、中游产业和下游产业三种类型（图 2-3）。

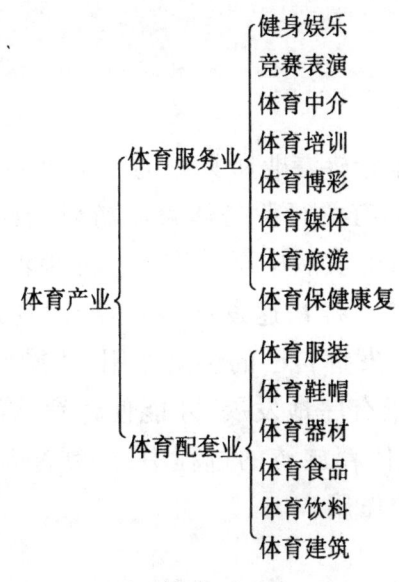

体育产业
- 体育服务业
  - 健身娱乐
  - 竞赛表演
  - 体育中介
  - 体育培训
  - 体育博彩
  - 体育媒体
  - 体育旅游
  - 体育保健康复
- 体育配套业
  - 体育服装
  - 体育鞋帽
  - 体育器材
  - 体育食品
  - 体育饮料
  - 体育建筑

图 2-2

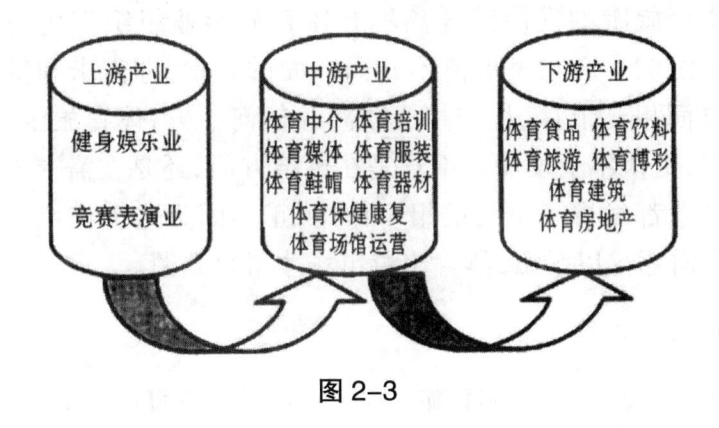

上游产业：健身娱乐业、竞赛表演业

中游产业：体育中介 体育培训 体育媒体 体育服装 体育鞋帽 体育器材 体育保健康复 体育场馆运营

下游产业：体育食品 体育饮料 体育旅游 体育博彩 体育建筑 体育房地产

图 2-3

## 二、体育旅游产业的基本理论

（一）体育旅游产业的概念

体育旅游产业是以体育旅游资源为依托，以体育旅游者为主要对象，将体育旅游服务提供给该对象，从而满足其需求的综合性产业。

## (二)体育旅游产业的作用

1. 供给作用

供给作用是体育旅游业所具有的一个重要作用,其主要表现在体育旅游业中的有关行业是体育旅游供给的重要提供者。这种供给在体育旅游的发展中至关重要。如果没有这种供给,体育旅游就不会像现在一样快速发展,甚至会出现逐步衰退的局面。而只有体育旅游业发挥自己的供给作用,才能使体育旅游由小到大、由弱到强、健康有序地发展,才能使体育旅游市场不断壮大。因此,我们在发展体育旅游的过程中,必须注重体育旅游业这一领军部门所发挥的作用。

2. 组织作用

体育旅游的发展同样离不开体育旅游业组织作用的发挥。体育旅游的存在与发展离不开两方面的要素,即需求和供给,这两个方面相互依存、相辅相成。离开任何一方,体育旅游业就不会存在,更谈不上发展。不管是在供给方面,还是在需求方面,体育旅游业都发挥了重要的组织作用,正是因为这个作用,体育旅游的供需才得以平衡,体育旅游市场才得以繁荣。

3. 便利作用

体育旅游者参与体育旅游活动,离不开体育旅游业提供便利服务,这是旅游者顺利完成体育旅游活动的关键条件。在体育旅游业提供便利服务的条件下完成体育旅游活动已经成为了一种常规化的现代旅游模式,而且体育旅游者利用体育旅游业提供的旅游服务来完成旅游目的也已经是一种普遍现象了。

## 三、体育旅游产业协同管理的内涵

关于产业融合与产业协同的含义,我们可以从系统的视角来理解。从系统角度出发,首先要清楚产业本身是一个系统,有的产业是封闭的系统,有的产业是开放的系统。系统封闭的产业之所以能够发展,主要是因为系统内部各因素之间相互发生作用。系统内部因素不与系统外部环境发生联系,系统内部资源不与其他产业系统的资源相互交换。企业垄断、制度管制是封闭产业系统的主要特点,系统内部的各因子相互协作或竞争,在这个过程中,产业的服务或产品会获得新的发展。其他产业很难进入这个封闭系统中,这就会限制产业间的互动。封闭的产业经过一定时期的发展后,当市场容量达到最大时,产业发展就会进入无序状态,久而久之,就会出现衰退趋势,面临消亡的危险。所以,若产业系统处于封闭状态,那么体育产业与旅游产业就不会有互动,更不会有协作,最终也不会产生二者融合的体育旅游产业,无法实现协同管理。

如果产业系统是开放的,那么这个产业的内部要素及其外部环境都会对产业的发展产生影响。在开放的系统环境中,体育产业与旅游产业建立互动关系,如资源共享、资源交换等,二者也可以是竞争关系。体育产业系统中的一些企业与旅游产业系统中的一些企业存在密切的关系,如果两个产业系统中的企业相互促进对方发展,那么就形成了互补关系与协同效应,此时应加强协同管理。除了会产生协同效应外,还可能产生替代效应,即一个产业系统中的某一企业代替了另一个产业系统中的某一企业。不管是协同效应还是替代效应,都能说明开放的产业系统之间相互作用,这会使产业进入有序发展状态。所以,产业融合与协同管理有一个基本的必要条件,即产业系统是开放的。体育旅游产业协同管理的前提也就是体育产业系统和旅游产业系统本身具有开放性。

不同系统向一个方向演进,最终促进新系统的形成,这个过程就是融合。这是从系统的视角并结合演化经济学的理论观点对融合的理解。

了解了融合的含义后,我们可以这样理解体育旅游产业的融合与协同管理,在产业系统开放的前提下,技术的进步与产业管控的放松促进了体育产业与旅游产业之间新经济现象的出现与扩散,使得两大产业系统之间及各自包含的子系统之间相互作用、重新组合,打破了原来产业系统的界限,促使一个新的产业系统——体育旅游产业逐步形成,从而更好地对体育产业与旅游产业共同进行管理,促进这两大产业的协调发展。

## 第二节 体育旅游产业协同管理体系的理论来源

### 一、协同学理论

#### (一)协同学理论概述

20世纪70年代,德国著名理论物理学家赫尔曼·哈肯提出了协同学理论。赫尔曼·哈肯在关于激光理论的研究中发现,激光的形成过程不是偶然的,其背后是有科学规律的,这个规律具有普遍性、深刻性,进一步研究后,他总结出了这个规律,即"物质系统从无序自行产生有序"。认识到这个一般规律后,赫尔曼·哈肯继续深入研究,提出了"协同"的概念,他将协同解释为,不同的主体之间在相互协调、合作的基础上,共同完成特定任务,实现某一目标,从而提高各自的实力,增加各自的业绩,这个现象就是协同。从这个概念中能够发现,不同的主体之间通过合作产生的能量业绩要比单个主体的能量业绩大,而且也比单个主体的能量业绩总和大。

#### (二)协同学理论的基本原理

经过不断的研究,协同学理论内容逐步丰富。哈肯基于系统学视角对研究对象进行分析,指出协同学理论主要包括以下三个原理。

1. 不稳定性原理

在系统的不断进化与发展过程中,新的发展模式与旧的发展模式之间、新的系统框架与旧的系统框架之间会相互较量,这是一种常见的态势。如果一种态势不再对系统的发展产生积极作用,那么系统内部就会通过自组织作用及与外部环境发生能量交互来建立新态势,从旧态势转变为新态势的过程中,系统的不稳定性就会表现出来,并慢慢向失稳点靠近,这是新态势得以建立的必经过程。只有出现新的态势,才能继续维持系统的发展,在系统内部建立新的平衡,使系统一步步走向完善。

2. 序参量原理

在系统的形成与发展过程中,系统从无序向有序慢慢变化,参量也是从无到有,某个参量或某些参量在系统的发展过程中居于支配地位,发挥支配作用。在系统内部演变与发展过程中形成的序参量属于慢变量,它作为系统内部的统领者,统领着其他参量,支配系统内部的子系统,对系统从无序向有序的变化与发展具有重要的影响。

3. 支配原理

系统中的各组成部分相互关联、相互作用,从而形成了稳定的系统结构。系统中的各组成部分是有差异的,它们之间也存在一定的竞争关系,存在矛盾与不和谐、不平衡的地方。在系统还未发展至临界点,还有一定距离的时候,系统内部要素因为处于被支配状态,所以它们之间不会表现出明显的竞争关系、矛盾关系及不平衡性,而当系统慢慢接近临界点时,就会非线性地放大它们的竞争、矛盾与不平衡,在竞争与矛盾中取得优势地位,对系统发展态势产生较大影响的子系统将在整个系统中作为主要力量发挥重要的支配作用。

总体来看,协同学理论可以说是系统论的一个组成部分。协同学理论将一个大系统作为研究对象,由众多子系统组成的大系统具有开放性,而且处于不断运动状态中,系统内部的各子系统之间相互作用,相互交换能量与信息,从而使系统结构逐步趋于稳定,保持稳定的有序状态,这样就会强化系统的作用,产生整体联合作用。

(三)协同学理论的应用

在进行体育旅游产业协同管理中,协同学理论发挥着重要的作用,该理论的运用具体表现如下。

首先,体育产业与旅游产业建立协同合作关系,在合作中发挥优势,弥补不足,共享资源,节约成本。体育旅游与旅游产业各自都有自身的知识优势与技术优势,两大产业融合后,产业间相互吸收对方的优势技术,利用对方的优势资源,从而促进自身资源的丰富和实力的增强。旅游市场竞争十分激烈,现代体育旅游产业在分工上越来越细化,单个的体育旅游企业仅仅依靠自己的力量很难在竞争激烈的市场中长久生存、持续发展。而且对单个的企业主体来说,要研发体育旅游产品、提高旅游营销额、建立旅游品牌、与其他相关企业建立稳定的合作关系无疑是巨大的挑战。而与其他主体协同合作,增强自身竞争力,就能够在竞争激烈的市场中获得竞争优势,更好地应对挑战,实现持续发展。

其次,各企业主体依托产业系统内部的自组织作用,逐步形成有序的结构状态与稳定的发展态势,各主体在分工上越来越精细,企业内部各部门业务专精,这样能够有效提升企业的整体竞争力。如果企业内部分工不细化,各部门合作不默契,企业就会陷入无序的混乱状态,企业作为一个系统的整体功能会减弱,在市场竞争中难以发挥优势,很容易被淘汰。因此,体育产业与旅游产业以及各产业的有关企业要精细分工,协同合作,将产品做精,提高专业水平和工作效率,从而大大增加收益。

再次,各主体相互合作,提升系统的整体功能,与此同时系统的规模效益也会增加,这样就能将更多的相关企业吸引进来,加入体育旅游产业的大家庭,推动体育旅游产业的发展。

最后，要推进体育旅游产业的协同管理，就要在政府、企业、人才培养机构之间建立良好的合作关系，合作主体相互依存，履行好自己的职责，并配合行动，同时也要共同承担风险，建立有序的共同治理模式。政、产、学三位一体的协同管理模式对各管理主体均提出了不同的要求：政府部门发挥宏观调控的职能，鼓励有关部门合作，共同推进体育旅游产业建设，制定并实施体育旅游产业发展规划，建立体育产业与旅游产业协同发展的机构，对各主体的行为予以约束；企业继续推进资本运营，打造高质量品牌，提供优质产品与服务，使消费者的需求得到满足；人才培养机构推进继续教育，加强与企业的合作，培养优秀的经营管理人才。

## 二、善治理论

### （一）治理理论的缺陷

之所以提出善治理论，主要是因为治理理论本身存在缺陷。鲍勃·杰索普是研究治理理论的代表人物，他认为治理理论的缺陷主要表现为以下几组矛盾。

第一，开放与封闭。多元权威之间互相信任与合作是有效网络管理的前提条件，要提高网络管理的有效性，就必须对治理网络的组织数量加以严格控制，保持封闭的网络系统。但要保持网络系统的封闭性，就会错过一些潜在成员，而且封闭式管理也不符合网络管理的平等原则、开明原则以及协商原则。

第二，合作与竞争。协同治理是建立在合作基础上，但如果过分看重合作，就会忽视竞争的重要性，这样容易造成管理对象适应力的减退与创新能力的下降。

第三，责任与效率。任何管理都强调对责任的明确，但过分强调责任又会对合作的效率造成影响。

第四，治理性与灵活性。对稳定的网络运行规则进行制定与遵守是可治理性的基本要求，要促进治理绩效的提高，就需要将过去的治理经验运用起来，但这又容易在管理中失去灵活性。社会环境复杂多变，我们不能总以过去的经验来解决当前的问题，要灵活多变，使网络运行规则不断完善。

（二）善治理论的提出

1. 善治的内涵

上述几组矛盾的存在使得治理理论可能会失效，因此要想办法克服这个问题，提高治理的效果，进行有效治理，国外学者因此提出了"善治"。关于善治的概念，不同学者有不同的见解，下面分析几个具有代表性的观点。

查尔斯·福克斯认为，"以人为本"即为善治。人民为了幸福生活而民主决定的东西就是"善"，人民就是主人，是判定对错最高的标准，没有高于他们的标准。

罗茨从过程角度对善治的愿景作了描绘。他认为，在市场公共服务中引入市场激励机制和企业管理手段，基于互利与信任而建立社会网络，从而在政府与人民之间、公共部门与私人部门之间建立良好的互动关系，这样一来，善治模式才真正得以形成。

俞可平认为，善治体现了政府与民间之间的一种新关系，政治国家与市民社会在这个良好的合作关系中均处于最好状态。简单来说，善治就是政府与人民合作，共同管理公共生活，在这个管理过程中，主要目的是追求公共利益的最大化。民间社会是善治的基础，民间社会健全、发达，才有实现善治的可能。如果公民参与度不高，政府与人民没有良好合作，那么善治就不会实现。

2. 善治的特点

从不同学者对善治的不同解释来看，善治的特点主要表现在以下几个方面。

（1）透明性

政府在与人民共同治理的过程中,要公开政治信息,以方便公民行使权利和监督管理过程。

（2）法治性

善治必须建立在法治的基础上,善治不可能离开法治而存在。

（3）参与性

善治必须要有公民参与。制定与执行决策以及监督管理过程与效果都要有公民参与。

（4）责任性

公民既享有参与决策与监督的权利,也要承担责任。政府部门同样在善治中承担很大的责任。

（5）回应性

对于公民提出的要求,政府要及时回应,不能回避。

（6）有效性

善治就要减少管理成本,提高管理效率。

（三）善治理论的应用

将善治理论运用到体育旅游产业协同管理中,要注意以下几点。

第一,对体育旅游管理情况进行深入调查,在了解现状的基础上对有关管理制度、管理举措进行完善,并加强创新管理,满足游客的需求。政府机关制定相关决策,首先要考虑游客的需求和满意度。

第二,体育旅游产业协同管理模式应科学合理,适应旅游地现状,对国外体育旅游产业管理的先进经验予以借鉴,或者对其他产业的管理经验予以借鉴。

第三,创建体育旅游的品牌,发挥品牌优势,提高品牌效应,使体育旅游企业的影响力扩大。区域性体育旅游管理要有特色,要能促进体育旅游与其他行业的共同发展,实现共赢。

第四,做好体育旅游协同管理的效果评估工作,把游客的满意度作为首要评估指标。

善治理论将公民参与作为一个重点来强调。善治本身就是建立在公民参与基础上的,如果公民不参与或参与度低,那么就不可能与政府建立合作来共同管理公共事物。我国在体育旅游协同管理中推行善治,就会吸引更多的人参与体育旅游活动,发展体育旅游带来的经济效益将惠及社会与人民。当人们享受到体育旅游发展带来的好处后,参与旅游的积极性又会大大提高。广大公民在与政府的合作管理中,会逐渐增强保持生态环境和旅游资源的意识,并将旅游资源开发的经济性、生态性、可持续性作为体育旅游产业发展的重要评估指标。因此随着合作管理的有效进行,我国体育旅游地的自然生态环境也将得到明显的改善。

## 三、系统论

(一)系统

系统是一个有机整体,它由若干要素联结构成,这个有机整体的结合与功能都相对稳定。任何一个系统都有自己独特的结构和功能,系统的结构是内在表现形式,其使有机整体中的各要素保持相对稳定的状态;系统的功能是外在表现形式,包括系统的性质、能力与功效,这些是系统在与外部环境相互作用后表现出来的。作为一个独立的有机整体,系统与其周边环境之间建立了密切的关系,不仅如此,系统内部各要素之间以及系统这个整体与其各子系统之间也密切联系。

(二)系统论

奥地利理论生物学家贝塔朗菲于1932年提出了著名的系统论,这一理论经过不断研究越来越完善。贝塔朗菲从广义与狭义两个层面解读系统论。狭义上来说,系统论将系统本身作为主要研究对象；广义上来说,系统论将一类相似或相互关联的系统作为重点研究对象。

系统这个整体及它包含的各子系统中有哪些规律、存在什么模式、遵从什么样的发展原则,这些都需要运用众多的概念原理去分析与研究,至于系统的结构与功能,要采用数学方法来分析。系统论有三个基本特征,一是整体性,二是目的性,三是动态性。系统论认为,任何一个系统都有一些基本的共性特征,如自组织性、整体性、关联性、时序性等,系统论的基本定律就是由这些共性特征所构成的。

贝塔朗菲指出,系统论的核心思想是整体观念。系统不是各要素的简单相加,而是相互联系、相互作用的一系列要素在一定规律下共同连接而成的有机整体,这个整体具有稳定性、不可分割性。由众多因素组成的系统其功能远远大于单个因素的功能,也大于各因素功能之和。

系统论的主要目的不是对事物的特征与规律进行分析研究,而是基于科学的认识来改变事物,对事物的本质进行探索,以科学的规律对系统内部各组成因素的关系加以协调,对系统的结构予以调整,以优化系统,使之更接近人的需求,从而使人的需求得到很好的满足。以往人们习惯于用传统思维方式来探讨事物的本质,即先分解复杂的事物,将其细化,然后从中将最简单的因素抽离出来,通过分析简单的因素来认识事物的本质。系统论改变了这种传统的思维方式,为研究事物的本质提供了新理论与新方法,同时也为研究社会各领域提供了新的视角。

（三）旅游系统

近年来,我国学术界渐渐接纳并认可"旅游系统"一词。旅游活动其实是一个由众多子系统构成的整体系统,其主要子系统包括客源地系统、目的地系统、出行系统和支持系统。旅游系统的结构如图 2-4 所示。我们也可以认为旅游活动是由旅游者、旅游地和旅游事业组成的有机系统,该系统具有三大功能,一是运转功能,二是竞争功能,三是增益功能。

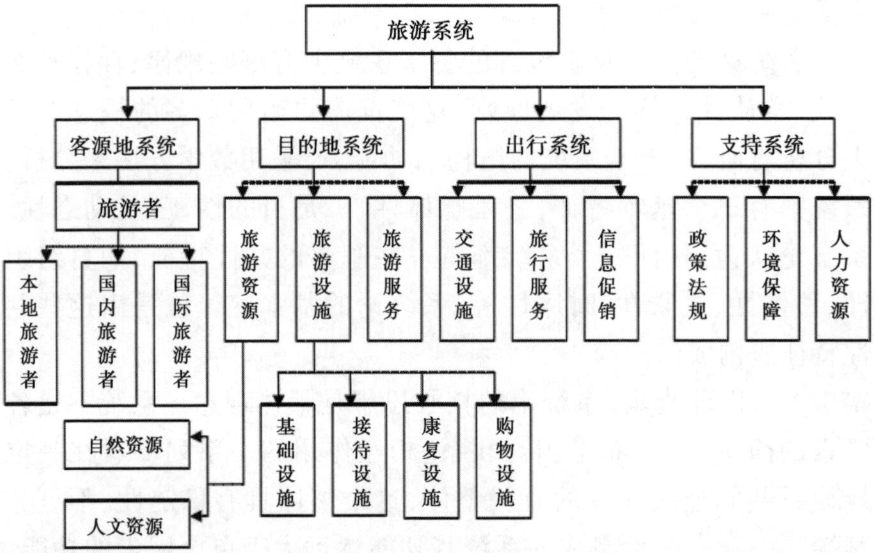

图 2-4[①]

从上图来看,旅游系统是一个开放性系统,其结构较为复杂,拥有丰富的内涵,除了旅游设施、旅游资源、旅游服务外,其他相关行业和部门也被纳入旅游这个开放的大系统中。综合性是旅游活动的一个明显特性,具有综合性的旅游活动系统需要多个相关行业的共同支持才能运转起来,可见旅游业与其他行业的关系何其密切,我们要从这个角度对旅游活动系统进行整体上的把握。

（四）系统论的应用

在体育旅游产业融合及协同管理的相关研究中,系统论为学者们提供了重要的研究思路和研究方法。从系统论的角度来看,体育旅游产业也是一个系统,对体育旅游产业系统的内涵及发展模式进行界定与研究,要站在整体的视角上进行,对体育旅游产业系统内各子系统之间及其与其他产业系统之间的关系进行整

---

① 邢晓晨.辽宁省体育旅游产业整合研究[D].沈阳体育学院,2010.

体上的把握,为体育产业与旅游产业融合与协同管理的宏观研究提供系统的理论支持与方法支持。产业系统由产业中的各企业组成,各企业便是产业系统的子系统。从比较细致的层面来看,产业系统的子系统主要包括市场系统、技术系统及产品系统。在关于产业融合及协同管理的研究中,要注意对产业系统发展过程的宏观把握,用数学模型来直观解释这种经济现象,从而进一步深化与完善系统理论的内涵。产业系统间各子系统既是协同关系,也是竞争关系,甚至有子系统因素重叠的现象,这就需要我们对产业系统的构成及各子系统的关系有一个准确的认识。

产业系统的功能是动态的,产业系统本身也具有动态性,因此在关于产业融合及协同管理的研究,我们要注意系统结构与功能会在外界环境的作用下发生变化,我们要用动态的、发展的视角来看待产业系统的变化。

## 第三节 体育旅游产业协同管理的机制与可行性分析

### 一、体育产业与旅游产业协同发展的机制

下面重点分析体育产业与旅游产业协同发展及管理的动力机制、路径机制及创新机制。

(一)动力机制

1. 内在动力

(1)市场竞争

作为产业发展中的微观主体,企业以执行者的角色发挥主导作用,推动产业发展。企业也是产业中的基础单位,市场竞争日趋激烈,企业必须加强创新,将最好的产品和最被需要的产品提供给消费者。体育产业包含体育用品业、体育健身休闲服务业、

体育竞赛业等内容,体育产业的竞争表现在这些内容的竞争上,其中已经进入白热化竞争状态的是体育用品业,企业在体育健身休闲服务业和体育赛事产业上积极抢占市场先机,展开一轮新的竞争。体育健身休闲活动及体育赛事活动的空间、环境都比较特殊,因此其必然会与旅游产业融合起来。此外,我国正在深入开发旅游产业,旅游业的发展也处于激烈的竞争期,旅游业和体育娱乐活动、体育赛事活动等的结合是旅游业发展的一个重要方向。不管是旅游产业,还是体育产业,二者的发展都离不开激烈的市场竞争这个重要动力,市场竞争也推动了这两大产业的融合与协同。

(2)消费者的需求

消费者的需求是体育产业和旅游产业融合发展的重要动力来源,这个因素也决定着二者融合后形成的新产业即体育旅游产业的发展水平。随着人们消费水平的提升,体育产业与旅游产业的发展有了新的驱动力。现在,消费者在购买体育旅游产品或服务时,不仅看重产品或服务的基本功能,还看重产品的综合性,也就是除了基本功能外的其他特色和价值。现代人会在快节奏的生活之余,在难得的闲暇时间参加一些能够让身心放松下来的活动,提高体力和活力,获得愉快的体验。另外,随着职业体育赛事的不断发展,热爱体育的大众也希望有机会在现场观赛,跨越地理空间障碍而获得更好的观赛体验。可见消费者的需求越来越多,也越来越高,消费者越来越期待能够满足自身多元化需求的体育产品和旅游产品,这就促进了体育产业与旅游产业的融合。

从我国旅游市场消费结构的变化来看,高级化和多元化是基本趋势。健康的旅游、高质量的旅游生活是现代人对旅游更高层面的要求。越来越多元与高级的旅游消费结构作为一个重要动力拉动了旅游者的参与性消费和体验性消费,旅游者的这些消费需求在体育旅游业中能够得到更好的满足,这是体育旅游业蓬勃发展的重要动力。体育旅游的活动项目有登山、滑雪、潜水、马术等,这些与传统的观光旅游有很大的区别。体育旅游的参与群体比传统景点式旅游更广泛、消费需求也比传统旅游更多元,这都是体育旅游的主要特征。旅游者的消费需求基本集中在六个方面,即"食、住、行、游、购、娱",体育产业与旅游产业相融合后,人们对体育旅游的需求除了以上六个方面,还有几个新的需求,可以集中概括为商(体育商务旅游,如网球、高尔夫等)、养(体育养生旅游,如体育保健与养生)、学(体育研学旅游,如户外运动及拓展训练项目)、闲(体育度假旅游,包括球类、冰雪类、水类、骑行类等休闲运动)、情(体育赛事旅游,如观看赛事,宣泄情感)、奇(体育探奇旅游,如登山、跳伞、探险等)。[①]

旅游者的"商、养、学、闲、情、奇"等需求进一步促进了旅游市场结构的优化,促进旅游消费结构的高级化,围绕这些新的消费特征,体育产业与旅游产业呈现出深度融合及协同发展的趋势。总之,旅游消费结构层次的变化及旅游消费水平的提升促进了旅游产业的转型升级及其与体育产业的高度融合。

2. 外在动力

(1)科技发展

科技进步是产业融合发展的重要支持条件,技术的支持程度在一定意义上决定了产业融合的深度。随着信息技术的不断发展及互联网思维理念的出现,体育产品、体育服务及旅游产品及旅游服务都有了一定的创新,科技能够将消费者的需求转化为现实,催化消费者需求的满足。科技发展给我们的生活带来了方便和快捷,也使我们的生活更加丰富多彩。科技革命为产业融合与协同发展提供了很好的机会,在信息社会,市场信息传播迅速,企业、市场及消费者的关系越来越紧密,产业之间形成了更深、更广、更多元的互动关系,融合性大大增强。

(2)社会的发展

随着人民的消费水平日渐提升,消费理念越来越科学,消费

---

① 杨强.体育旅游产业融合发展的动力与路径机制[J].体育学刊,2016,23(04):55-62.

结构越来越高级,对消费品也有了更加多元与严格的要求。在闲暇时间,体育爱好者开始研究怎么进行体育游玩活动和娱乐活动。经济社会的进步使人们把目光从"玩什么"转向"怎么玩",消费者消费思维的转变为产业发展提供了持续的动力。体育和旅游都能满足人们对"玩"的需求,将体育产业的产品和旅游产品结合起来能够使人们"玩"得更好,有更愉快的体验。

(二)路径机制

产业的融合与协同过程主要包括两个阶段,即产业价值链的解构阶段与重构阶段,这是基于产业价值链视角研究得出的结论。下面具体分析这两个融合阶段。

1. 解构阶段

产业分工的专业化、细化是产业价值链解构的基础,产业中的各个环节如研发产品、生产制造、市场销售等具有相对独立性,它们各自运作,而且密切联系,在市场需求、政策环境等成熟的外动力条件出现后,在这些条件的作用下,产业价值链中具有"融合点"的环节就会从中分解出来,成为单独的活动单元,这是产业价值链重构、产业融合的一个基础条件。

旅游产业价值链是一个系统的价值增值活动链,其中的独立活动单元是相互依存的,包括旅游规划、旅游资源的开发、旅游产品的生产与营销、旅行社相关旅游服务的提供、旅游者的消费等。对这些独立的活动单元进行简化,大概包括四个环节,如图2-5所示。它们构成了旅游产业价值链的分析框架。

产业价值链作为一个产业价值网络系统,其具有一定的复杂性,体育产业价值链比一般的产业价值链更为复杂。体育产业价值链的分析框架包括四个环节,如图2-6所示。

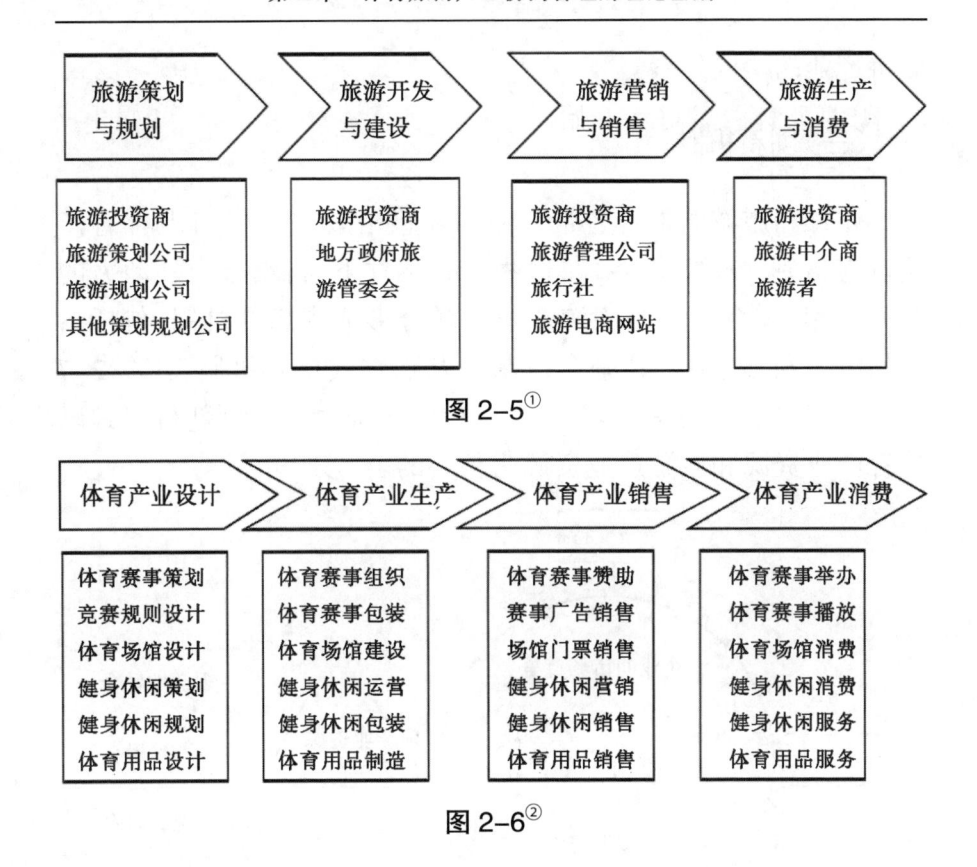

## 第二章 体育旅游产业协同管理的理论基础

| 旅游策划与规划 | 旅游开发与建设 | 旅游营销与销售 | 旅游生产与消费 |
|---|---|---|---|
| 旅游投资商<br>旅游策划公司<br>旅游规划公司<br>其他策划规划公司 | 旅游投资商<br>地方政府旅游管委会 | 旅游投资商<br>旅游管理公司<br>旅行社<br>旅游电商网站 | 旅游投资商<br>旅游中介商<br>旅游者 |

图 2-5①

| 体育产业设计 | 体育产业生产 | 体育产业销售 | 体育产业消费 |
|---|---|---|---|
| 体育赛事策划<br>竞赛规则设计<br>体育场馆设计<br>健身休闲策划<br>健身休闲规划<br>体育用品设计 | 体育赛事组织<br>体育赛事包装<br>体育场馆建设<br>健身休闲运营<br>健身休闲包装<br>体育用品制造 | 体育赛事赞助<br>赛事广告销售<br>场馆门票销售<br>健身休闲营销<br>健身休闲销售<br>体育用品销售 | 体育赛事举办<br>体育赛事播放<br>体育场馆消费<br>健身休闲消费<br>健身休闲服务<br>体育用品服务 |

图 2-6②

### 2. 重构阶段

分析体育旅游融合与协同发展的市场需求可知,体育产业价值链与旅游产业价值链中独立的活动单元能够在技术、市场、业务三个层面相互融合,这些新的价值融合点是建立在截取与重构原有产业价值链基础上的。之所以会出现这些融合点,主要因为有内在推动力(体育资源的资产通用性)与外在拉动力(旅游消费结构层级提升)的共同作用。产业价值链重构的三个融合层面中,技术层面的融合是基础,业务层面的融合是核心,市场层面的融合是产业价值链重构的结果,三个层面的融合推动了体育产业与

---

① 杨强.体育旅游产业融合发展的动力与路径机制[J].体育学刊,2016,23(04):55-62.
② 杨强.体育旅游产业融合发展的动力与路径机制[J].体育学刊,2016,23(04):55-62.

旅游产业的协同发展。

(三)创新机制

体育和旅游给参与者带来的体验感相似,旅游产业与体育产业没有特别严格的边界,在这些基础条件下,再结合内外动力的共同作用,体育产业与旅游产业的融合形成了新的机制,包括参与性融合机制、观赏性融合机制以及购物式融合机制,如图 2-7 所示。需要注意的是,体育产业与旅游产业融合的创新机制是以体育产业资源和旅游产业资源为核心的。

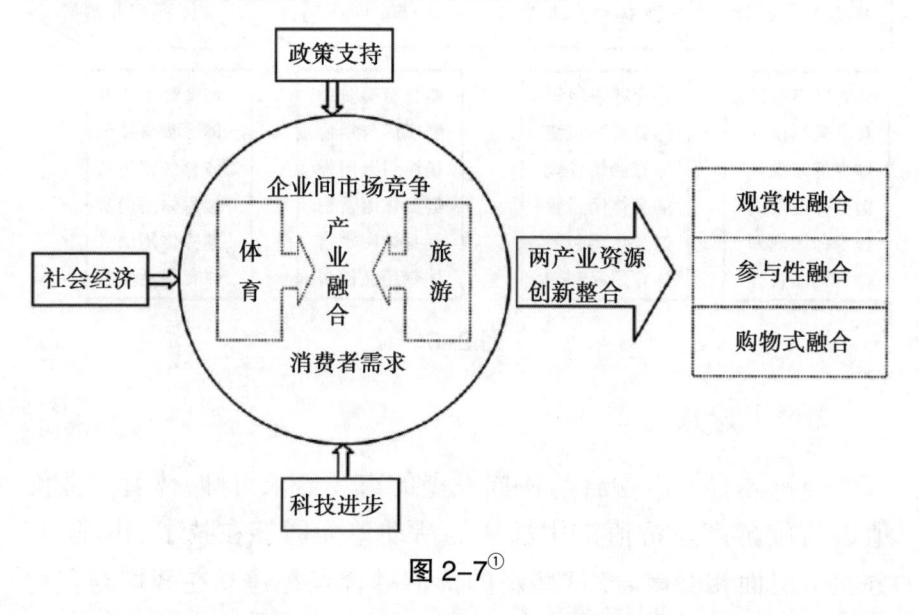

图 2-7[①]

1. 参与性融合

参与式融合机制强调旅游者的亲身体验。在体验经济时代背景下,人们的消费观念升级,体验需求越来越大,渴望亲身体验丰富多彩的生活。大众化的体验式旅游产品已经不能满足大众的需求了。融合了体育与旅游元素的产品与服务能够给人们带来新的体验,体育体验与旅游体验的结合是体育与旅游发展的一

---

① 杨强.体育旅游产业融合发展的动力与路径机制[J].体育学刊,2016,23(04):55-62.

个方向。人们参与任何运动或活动都是以自己的身体为载体的，体育运动具有重要的生理价值和心理价值，生理价值的主要表现是健康促进，心理价值的主要表现是愉悦心理、陶冶情操。旅游也有身体上与心理上的价值，如活动筋骨、开阔视野、丰富内心等。体育活动与旅游活动在身心价值上的一致性使体育产业和旅游产业在参与层面上的融合有了很大的可能。

人们参加健身性体育赛事活动和培训类活动是体育产业和旅游产业参与性融合的主要体现。马拉松是健身性体育赛事的典型，人们参与这类赛事，更注重的是内心感受，奔跑途中的愉悦感和赛事结束后超越自我的快感能够给参与者带来超乎想象的快乐体验。另外，培训类活动市场的规模也在不断扩大，如各大城市建立青少年足球俱乐部，迎合青少年对足球运动的参与需求。消费者参与体育旅游活动，不管是技能的提高还是在旅游中的特殊经历，都能给其带来深刻的体验，并将这个体验长久保留在记忆中。

2. 观赏性融合

体育赛事产业是体育产业的重要组成部分。体育赛事竞争激烈，比赛结果充满悬念与未知，这对体育爱好者具有很强的吸引力。世界性大型体育赛事和成熟的职业体育赛事能够吸引广大观众进入现场观看，他们从中获得更直观与更刺激的体验。体育与旅游的众多融合形式中同样具有较强观赏性的还有民间节庆类体育活动，这类活动在少数民族地区更为多见，不管是活动仪式、活动庆典，还是活动内容本身，都有悠久的历史文化和深刻的人文内涵蕴含其中，在这些基础上形成的产业规模更加稳定。

3. 购物式融合

对旅游者来说，购物是吸引他们前往旅游目的地的一个主要原因。随着体育人口的大量增加及大众在全民健身中参与度的提升,人们在运动装备、体育用品、体育纪念品、体育藏品等方面的消费投入越来越多。从近几年举办的体育类博览会来看,商家级别有了提高,产品种类有了增加,从而吸引了越来越多的游客前来消费。购物式融合方式能够产生一定的集聚效应,如人们会集中在体育特色区、博览会等地方进行购物体验。

需要注意的是,体育产业与旅游产业的上述三种融合机制密不可分,相互促进,大大推动了体育旅游产业的发展。在特定情况下,三种融合方式中的其中一种会显得比另外两种方式突出一些。三者混合出现的情况很常见。例如,在旅游地观赏体育赛事本身属于观赏性活动,但在这个活动中旅游者可以购买赛事相关产品(购物式融合),参与球迷活动(体验式融合),这样观赏赛事的乐趣会大大提升。

## 二、体育产业与旅游产业协同发展的可行性分析

### (一)具备基础条件

#### 1. 体育和旅游的本质具有一致性

体育是人的主客体统一于身体的实践活动,在改造身体的同时,改造人本身,达到身心合一。人也是旅游的主体,旅游是人在空间上从一个地方到另一个地方进行游览、观光、娱乐等的实践活动,以改造人本身,达到身心合一。两者都是改造人的过程,是人的自我设计、自我造就的过程。两者都是人类精神生活中不可或缺的一项活动。在人类漫长的历史中,身体娱乐在人类活动中处处存在,人类的身体娱乐活动不仅充斥在平常的生活中,而且也对人类文化、精神的发展有很大的影响。从各种身体娱乐活动中都能看出体育的影子。在忙碌的现代生活中,体育在维护和促进人类身心健康方面发挥着越来越重要的作用。旅游的本质也是追求愉悦和身心健康,通过身体的运动实现来自于精神世界的慰藉,使人的身心能够得到愉悦放松,从而获得满足感和幸福感。

体育和旅游在本质上是一致的,可以融合为以体育活动为依托的旅游项目,或者是产生一定距离空间位移的体育活动观赏和参与。

2. 体育与旅游的参与体验感具有一致性

体育和游戏密不可分,体育就是一种严肃的游戏,而游戏的属性是趣味性。人们参与游戏很大程度上是为了体验乐趣。从中国古代西汉时期的百戏图到现在社会中的各种体育运动项目都充分说明了身体游戏具有的广泛性和娱乐性。身体游戏最终要达到的目的就是在一般意义上的身体活动中表现出一种特有的文化形态,这是身体游戏自身存在的价值和意义。人们通过各种体育参与体会到了游戏带给自己的乐趣,旅游也是人类的一种体验性身体实践活动,在这个过程中人也找到了旅游特有的乐趣。旅游因其具有地域性,更突出了过程中的娱乐性。体育与旅游的体验感都是满足人的精神需求,这一共性是两个产业融合与协同发展的基础条件。

(二)具备政策条件

体育产业是一个新兴的生命力强大的产业,也是第三产业中不可或缺的一部分,随着国家经济和社会的发展,我国将全民健身上升为国家战略,并出台了一系列文件支持体育产业发展,推动体育产业融合,其中就包括对体育产业发展产生深远影响的《关于加快发展体育产业促进体育消费的若干意见》(简称46号文件),初步形成了扶持体育产业融合发展的政策背景。46号文件中指出:"至2025年,我国的体育产业总规模要达到甚至超过5亿体量,同时提出我国提升人们身体素质和健康水平的主要途径就是发展体育产业、体育事业,推动体育的普及,满足人们对于生活娱乐的要求,从而培育新的经济增长点。"46号文件出台后,我国各级地方政府都积极采取措施(搭建体育平台、引入品牌赛事、建设15分钟健身圈、发展全域旅游等),推动地区体育产业发展,这些成为促进体育产业与旅游业融合与协同发展的重要动力。随后,国务院又相继颁发了《关于加快发展旅游业的意见》《国民旅游休闲纲要(2013-2020年)》《国务院办公厅关于进一步促进旅游投资和消费的若干意见》等文件,文件强调:结合旅游业,找寻并培育新的体育消费热点,推进体育产业与旅游等相关产业的整合重组,努力开发适宜大众休闲的体育旅游项目,积极推动体育健身旅游、户外体育旅游、自驾游、骑行等体育旅游活动,加强体育竞赛表演业、体育健身业与旅游业的融合发展,努力做到体育场馆的全域开放,提升体育服务业的标准,努力建设集体验、体育项目、养生、观光为一体的全国特色旅游小镇,鼓励社会资本的进入及开发,发展与体育旅游相关产业链。

（三）具备市场条件

产业融合既可以增强产业发展的竞争能力,又能够使市场空间得到拓展。以河南省体育旅游市场发展变化为例,2006—2016年是河南省旅游业发展历史上十分重要的十年,无论是在旅游景点开发、旅游消费者流入、接待消费者总数、旅游配套服务,还是在省内GDP,酒店、景点等经济收入方面都有着较大的提升。截至2016年,河南省内接待游客总数已经达到5.83亿人次,相比十年前已经提升了3倍多,总收入达5764亿元,相比十年前提升4.5倍左右。不仅如此,入境游客总量、GDP等方面也有着质的飞跃。在北京奥运会之后,河南省政府还提出了"旅游立省"的发展战略,旨在推动河南省旅游业发展,促进经济快速发展。

近几年,单纯的景点观光旅游处于下行状态,整个旅游行业均遭遇"天花板"。在这种情形下,融合发展成为旅游业发展的新出路。体育元素的注入,使体育项目与旅游项目有机结合,克服了传统旅游简单观光巡游、缺乏体验感的弊端,为旅游业增添了新的生机与活力。近年来,河南省通过举办大型体育赛事,如"郑州国际少林武术节""国际太极拳年会"等,吸引了大量的观赛游客,在发展旅游经济的同时,又宣传了河南省的地方文化和地区形象。此外,河南省十分重视体育旅游融合,当地政府发布了一系列促进体育旅游融合发展的政策,使得河南省体育旅游产业迅速发展。

## 三、体育产业与旅游产业协同发展的必要性分析

### (一)体育产业与旅游产业协同发展的理论意义

体育产业与旅游产业的融合及协同发展模式对二者来说都有利,可以实现双赢。对体育产业的意义在于,保留了体育产业的特点,即以体育为主、强身健体,将体育运动的魅力展现给更多的游客,提高了体育经济发展水平。对于旅游业的意义在于,将体育元素融入旅游业中,丰富了旅游资源,增加了旅游项目,促进了旅游内涵的丰富及体验感的强化。体育旅游产业的发展构建出一个相互联系、协同发展的产业融合现状,二者的协同发展能够使整个社会的经济效益与社会效益都得到有效提高。

### (二)体育产业与旅游产业协同发展的实践意义

我国体育产业近些年来的发展情况较好,发展前景也比较光明。尤其是近几年,在国家政策的推动下,大量的体育企业逐渐在市场上涌现出来,这不仅扩大了我国体育产业的发展规模,提高了体育市场竞争的激烈程度,也使得一些传统体育产业的问题与瓶颈明显地暴露出来,其中产业运营模式单一就是传统体育产业发展中存在的一个主要瓶颈。对于传统体育产业来说,探索新的运营模式,在融合理念及协同学理论的指导下走协同发展之路具有重要的实践意义。

第一,体育产业自身定位不够广泛,与其他娱乐产业相比还有一定的差距。电影、唱歌等娱乐产业项目基本实现了大众化,而且这些项目在发展中也主要走娱乐化之路,能够使人们的娱乐需求得到满足。相对来说,体育更为专业一些,其娱乐性不及常见的娱乐项目,在文娱产业市场中,体育不具备竞争优势,很多人

因为体育的专业性较强而不愿参与其中。因此,要发展体育产业,就要将娱乐的、旅游的元素融入其中,丰富体育产业的内容,创造多元化的体育娱乐和体育旅游产品,促进产业市场占有率的增加,如此才能使体育产业获得更广阔的发展空间,在文娱市场和旅游市场中发挥竞争优势。

第二,人们对体育项目的偏好因为地区、政策、年龄、职业等因素的影响而有区别。经济是影响我国体育发展的重要因素,我国各地区体育发展失衡很大一部分原因就是经济发展存在地区差异。总体来说,大众化的项目如足球、篮球、乒乓球等在我国各地广泛分布,也就是说各地都有很多参与者。相对来说,田径、网球、游泳等项目的分布地就比较狭窄,还没有达到很高的普及程度。如果将这些项目放到旅游地中,利用旅游地的地理优势和客流量来拉动这些项目的发展,提高大众参与度,将会大大提高体育项目的普及性,并增加旅游地的经济效益。

第三,发展体育产业需要用长远的眼光进行合理规划,但体育部门在这方面没有做到位,系统的体育产业链还未形成,体育产业发展存在重局部、轻全局的弊端。体育赛事、体育教育、体育俱乐部等在体育产业的发展中是比较受重视的,但体育服务的发展没有引起重视,这就需要有实力的企业将这方面的空缺填补起来。目前,我国部分体育产业缺乏开放性、规模性,体育部门应与地方相关部门协商,在市场经济环境下,适当整合产业,实行兼并策略,促进体育产业架构的健全,以持续发展体育产业。在构建体育产业发展架构时,尤其要关注其与旅游业的融合与协调发展,扩大体育产业的规模,促进地方经济结构的优化升级,这也是促进旅游业内涵不断丰富的重要举措。总之,体育产业与旅游产业的协同发展能够产生巨大的力量。

从国家对区域经济发展的战略布局中也能体现出体育产业与旅游产业融合发展的必要性及重要意义。2014年2月26日,习近平总书记在听取"京津冀协同发展报告"中强调,京津冀协同发展是促进经济发展和实现优势互补的需要,三地文化、地缘、人缘、区域上一脉相承,满足实现融合式的协同发展的多项条件。而"通武廊"地区作为京津冀协同发展中地缘相接之地,更是成为了协同发展的样板区域,旅游业的协同发展自然涵盖其中。旅游乃至体育旅游,毋庸置疑,现已成为人们不可或缺的一种生活方式,是人们生活水平全面升级的重要体现,大众旅游的时代已经全面到来。深度挖掘区域旅游资源、加快旅游产业繁荣已成为地方经济绿色发展的新方向。全域旅游概念的提出,为区域旅游资源的整合发展提供了全新的实践思路。因此加快推进"通武廊"地区旅游产业的融合发展,无论从京津冀协同发展的国家重大战略决策还是从地区经济协同发展来讲,其意义都可见一斑。做好"通武廊"地区体育产业与旅游产业的协同发展,应做到以下几点。

(1)开展三个地区旅游主管单位对话,创办协同发展论坛。

(2)携手打造品牌旅游项目,实现优势资源互补。

(3)尝试建立"通武廊"体验旅游综合平台,实现三地旅游互联互通,信息共享。

(4)多部门协同配合,制定政策,为体育旅游协同发展保驾护航。

# 第三章　我国体育旅游协同发展中的相互关系分析

体育旅游在现如今已经成为人们非常青睐的旅游形式,它不同于传统的旅游,带有明显的体育特色与内涵。随着体育旅游产业的不断发展,其也与社会中的其他要素发生了诸多联系,而只有当体育旅游与这些要素能够协同发展时,其发展前景才会更好。

## 第一节　体育旅游与社会经济协同发展

### 一、体育旅游经济的内涵与特征

#### (一)体育旅游经济的内涵

体育旅游经济,是指以围绕某项体育运动开展的,以旅游活动为前提、以商品经济为基础,反映体育旅游者与经营者之间发生经济交往时,所表现出来的各种经济活动和经济关系的总和。

通过对体育旅游经济的内涵进行分析可知,体育旅游经济的出现是由人们参与的旅游活动所带动,为此就发生了旅游者同体育旅游企业之间以及体育旅游企业同相关企业之间的经济联系。在几个主体中,负责体育旅游开发的企业为参与旅游活动的人提供吃、住、行、游等服务,旅游者为了能享受到这些服务需要支付给企业报酬,这就构成了一种对体育旅游服务买与卖的经济联系。而收到报酬的体育旅游企业为了完成好相关服务工作,就需要同其他有关企业或部门发生经济联系,最终共同构成体育旅游经济的内容。现如今,体育旅游已经从最初的一项活动升级为了一项产业,是我国国民经济的重要组成部分。

(二)体育旅游经济的基本特征

1. 体育旅游经济的经济性

体育旅游经济是一种经济活动,它和传统经济学一样,都是以人为出发点而产生的经济活动,不同的是,其是在新时代条件下发生转换后的结果。体育旅游经济探讨的问题为体育旅游活动中引发的"生产、交换、分配、消费"等关系的变化,以及其中所存在的每项环节之间的交替互动过程。这样看来,体育旅游经济更多解决的是如何高效利用体育旅游资源,并力求实现经济效益最大化的问题。

2. 体育旅游经济的无形性

参与体育旅游的消费者所消费的是无形资源,这点与传统旅游经济有着本质上的不同。体育旅游者在体育旅游中所参加的活动,能让他们得到良好的精神体验,尽管过程中也涉及吃、住和行,但这几项享受的服务顶多算是体育活动的附属服务,而真正参加体育旅游的目的是体育,这注定是一种无形物质,满足的是旅游者的心理和情感。这也就使得体育旅游经济具有了无形性的特征。

3. 体育旅游经济的人文性

体育旅游经济行为强调的是一种以满足人们体育旅游需求和期待的"低代价、高效益"的活动,显然更符合"以人为本"的理念。而传统旅游经济关注更多的是旅游者物质产品的消费,以此满足他们的消费欲、文化欲等。这种形式的旅游在带动旅游地的经济发展方面的作用更为显著。相比之下,更加注重人文关怀的体育旅游经济也自然就带有了人文性的特征。

4.体育旅游经济对资本促进的多元性

传统的经济行为是一种简单的以物换物的活动,这是物质资本积累的基本方式。然而社会发展到今天,资本的形式可谓众多,物质资本和经济资本只是其中两个部分,此外还有社会资本、文化资本和人力资本等,这些资本也能成为一种个人财富,并被积累起来。文化资本在当前最被人们所看重,文化资本的价值除了能整合为其他形式的资本外,还可以进一步内化成文化、教育、修养、人际关系等,这些对于一个人的不断进步和顺畅发展带来的效果更大,效果延续得也会更长久。因此,人们在参加体育旅游活动时,便可以获取从以商品为中心向以人为中心进行转变的价值,如此使资本多元化。

## 二、体育旅游经济对社会经济发展的作用

在21世纪的今天,旅游业已然成为世界诸多国家第三产业的旗帜。体育旅游是旅游产业中的一个重要分支,在今天已经得到众多热爱旅游和体育的人士欢迎,人们纷纷参与其中,大大带动了体育旅游业及附属产业的发展,成为新的社会经济增长点。体育旅游所带来的经济效益,已在很大程度上影响了社会经济的各个方面。

### (一)经济方面

1.增加外汇收入,平衡国际收支

在商品经济时代中,国际间展开的经济合作通常会以货币为媒介进行。要想扩大对外的经济合作,必然要以增加购买力为基础,如此就需要储备足够的外汇,而对一个国家的经济实力和国际支付能力的评估标准也包括它的外汇存储量。旅游业向来是

增加外汇收入和平衡国际收支的重要形式,在任何旅游业发达的国家几乎都是如此。

2. 调节货币流通与回笼

货币流通是指作为流通手段的货币在经济活动中形成的连续收支运动。货币的投放与回笼是一对相反的概念,如果货币回笼的数额增加,则表明在市场中流通的现金减少。作为旅游产业的重要分支,体育旅游近年来的创收已成为我国旅游收入的重要部分。体育旅游产业的活跃无疑增大了货币流通量,同时也帮助国家回笼货币。

3. 增加就业机会

就业问题是关乎民生的根本问题之一,是急需解决的社会问题。这一问题的关键除了关乎到社会个体的生存与发展,更关乎到社会的和谐与稳定。一个国家的治理能力很大程度上可以从妥善做好就业工作中得以体现。现如今,随着科技成果不断转化在生产力领域,过往劳动密集型产业发生了极大变革,最突出的问题就在于生产行为不再依靠更多的人力,而是由机器取代。在今天,失业问题几乎在各个国家都或多或少地存在,而作为一类劳动密集型产业,体育旅游产业的发展无疑能为增加就业机会、缓解就业压力作出贡献。

4. 优化产业结构

产业结构,是指产业自身的构成及其与其他产业之间的联系和占比关系。现代社会经济的发展呈现出了越发细化的特点,由此也产生了多样的生产部门,这些生产部门在被诸多因素影响后会在增长速度、就业人数、对经济增长的推动作用等方面出现变动。事实上,鉴于经济总是处于发展之中的,也就使得产业结构总是不断变化。社会生产力越发展,人们的物质生活就会越富足,进而对服务产品的需求量越大。这样一来,社会经济中的第三产业的比重就不断加大,而第三产业的发展也就成为了衡量社会发展水平的标志之一。当前,体育旅游产业就是一种以生产力的提高为基础,为满足人们的业余文化需求而产生的新兴产业,这点放眼全世界都是如此。体育旅游产业所追求的是新、特、奇等项目,由此就注定其会经常更新,且更新的速度处于较高水平。正因如此,其所带来的附加值也就越高,这无疑有助于产业结构的优化。就我国来说,体育旅游产业的发展进一步提升了第三产业的发展水平。为此,在今后我国对体育与相关产业的结构调整中,就注定会为体育旅游产业的发展留出更大的空间。

5. 改善投资环境,推动经济发展

体育旅游业的发展可有效改善投资环境的原因如下。第一,体育旅游业是一项面向国内国外的开放产业,由此决定了其不光为我国体育旅游者提供服务,还为外国体育旅游者提供服务;第二,体育旅游产业的发展必然要建设相关硬件设施,工程的招投标等业务也可对外招商,引进多方面资金来改善投资环境。外来资金的投入增加,一方面可以减轻国内资金压力,另一方面可使建设工程得到更好的保障。由此一来,投资环境就得到了很大程度的改善。

(二)文化方面

1. 加强人民之间的相互了解和友好往来

体育旅游是一种非常普遍的民间文化交流形式。在迎来送往中,我国民众去到外国,外国游客来到我国,如此都是一种对他国文化进行感悟和了解的行为。从微观上说,这增进了人民之间的交流,从宏观上说,也是一种促进国家之间建立友好关系的渠道。在旅游活动的促进下,原本存在不同理念的社会阶层之间所产生的误解都有可能被缓和,通过旅游所带来的文化交流,可让友谊、理解、合作等思维占据上风,进而能为促进世界和平这一终极场景的实现作出绵薄贡献。旅游作为一种开展最为普遍的文化交流形式受到人们的广泛欢迎,即便是两个没有建交的国家,人民也可以通过旅游的方式彼此了解,无形之中也加强了民间层面的友好往来,为日后将这种友好关系升级到国家层面打下了一定的基础。

2. 开阔视野,增长知识,提高生活质量和身心素质

体育旅游是一种文化活动,同时也是一种生活态度与方式。通过旅游的形式,人们得以短暂"逃离"自己熟悉的生活场景和纷繁复杂的人际圈,来到一个更贴近自己内心的地方感受生活的快乐。在众多的旅游形式中,体育旅游可以带来更多的欢乐和消遣,也更能贴近自我意识,陶冶情操。

体育旅游可以满足人们更大的求知欲,在旅游中,人们能体验到与日常生活中大不同的地理、历史、人文、艺术等方面的知识。这些不同的体验突破了旅游者的文化限制,对提升人的综合素质和欣赏水平大有助益。

体育旅游能够提升旅游者的身心素质水平。现如今,随着科技的进步和办公自动化时代的到来,人们的日常生产活动更多采用的是脑力劳动的形式,体力劳动的比重逐渐减少,这一方面提高了生产效率,另一方面也给人们带来诸多文明病,更重要的是这种生产方式将人禁锢在了单调的钢筋水泥城市中,让人们远离了大自然。近年来,城市污染状况日益严重,种种问题都给人们的身体和心理健康造成了影响,社会越发文明了,物质越发丰富了,但人也失去了久违的快乐。通过参加体育旅游活动,久居城市的人们可以重新回到大自然的怀抱,感受充足的阳光、洁净的空气和清爽的环境。体育旅游中的一些项目也发挥出了其强身健体的功效,使人精神焕发,体能和精力得以恢复,让身体"充满电"之后,以更加饱满的精神状态和体力投入到工作和生活中。这种情况被普遍称为"现代社会的补偿现象"。

体育旅游还能帮助人们培养自身的意志品质、增强道德观念。体育旅游中的许多项目,如徒步旅行、登山、探险等,其本身

就是对运动者精神、毅力和体力的一种考验,只有综合素质全面的人才能坚持到最后。这些从运动中获得的意志磨炼和道德培养,无疑净化了人们的精神。

3. 有益于培养爱国情感、促进民族文化的保护

体育旅游所前往的目的地通常是远离城市的户外环境,这样的环境可以让人短暂躲开城市的喧嚣,回归本应有的宁静。在体育旅游活动中,旅游者得以更深入、清醒地了解自己、了解同伴、了解社会文化和熟悉国情,由此也就更容易激发起人们的志向和爱国情怀,这显然对社会主义精神文明建设和和谐社会的建设起到了积极的作用。

体育旅游的发展对社会文化的前行是可以起到一定的推动作用的。在信息爆棚的时代下,相比于在屏幕上展现出来的各种知识信息,能够来到实地体会和探访原汁原味的、实实在在的民族文化和历史文物更显珍贵。为此,大力发展体育旅游可增进人们对民族文化的了解,提高民族自信心和国家认同感。

4. 有利于推动对体育科学的研究和体育技术的交流

体育旅游活动的开展与科技文化交流是紧密相关的,其对科技文化的交流会起到一定的推动作用,具体表现为两点。第一,当体育领域相关学者通过体育旅游来到旅游地时,普遍对场地、设施等硬件予以考察,并与体育旅游组织方、管理方就这些问题进行交流;第二,旅游目的地方也要以利用科技手段的形式来提升体育旅游接待服务水平,如要不断升级体育场地和器材,或是建设更加完善的接待基础设施等。在 20 世纪 80 年代以后,欧美国家的户外运动用品市场蓬勃发展,其发展的动力也源自更多科学技术运用到了相关产品中,这大大提升了产品质量和适用度,如此自然慢慢赢得了户外运动爱好者的认可。这里以便携式帐篷为例来说明科学技术对器材革新的意义。便携式帐篷是一种体育旅游和户外运动使用率很高的产品,1980 年左右的帐篷重

量还在3.5千克之上,这给人们的出行携带带来了较大的负重,而此后当帐篷的制造引入了高科技之后,结构和材料上发生了较大改变,到2006年时帐篷的重量被缩减到了1.3千克,大大提升了便携程度。

(三)社会环境方面

1. 体育旅游的发展为自然资源的保护提供了推动力

体育旅游资源的开发依赖于大量的自然资源,这是由于体育旅游活动通常在户外进行,如登山、溪降等活动。开发并不只意味着消耗与破坏,在对资源进行开发的同时,我们还应做好资源保护工作,这是力求资源可持续利用的保障。如果对体育旅游资源一味地开发、索取,那么体育旅游活动注定在资源消耗完毕后将被迫结束,显然这种缺乏长远考虑的开发是一种竭泽而渔的行为。

2. 体育旅游的发展促使相关设施的建设质量更高

体育旅游的内容与形式众多,这也就关系到设施这一关键的硬件资源。正是因为体育旅游活动日渐增多,才使得旅游目的地和沿线的配套设施一应俱全,质量也不断提升,为游客提供更好的体育旅游活动体验。

3. 体育旅游的发展促使众多基础设施建设得到改善

当体育旅游活动在一个地区站稳脚跟后,就会朝着产业化的方向进一步发展。为此,就需要有相对完善的基础设施为产业的发展保驾护航,这些基础设施包括道路、交通运输、信息网络等。这些基础设施看似与体育旅游活动本身没有关联,但其起到的基础服务作用是决定产业可持续发展的关键。只有通畅整洁的道路和运载能力强的交通工具,才能将更多的体育旅游者输送到目的地,才能更好地满足体育旅游者对信息传输的需求,从整体上提升体育旅游活动参与的满足感和满意度。

4. 体育旅游的发展促使目的地重视改善卫生环境

体育旅游目的地的卫生环境是保障旅游者身心健康的基础要素之一。为此,体育旅游活动目的地应重视改善自身的卫生环境水平,做好卫生环境维护与管理工作,以确保体育旅游目的地的卫生环境水平满足人们的需求。

5. 体育旅游的发展使历史建筑和古迹遗址得到维护、恢复和修整

尽管体育旅游是围绕某项体育活动展开的旅游活动,但实际上许多体育旅游活动的内容并不只包括体育运动,还包含参观旅游目的地历史建筑、文物古迹等文化之旅。在体育旅游产业的带动下,旅游目的地的政府也更有理由和经费对这些反映当地文化的建筑或古迹进行恢复、保护和修缮,以使其以更加良好的面貌供人们参观。

6. 体育旅游带来普通旅游的介入,增加旅游目的地规模

体育旅游是旅游活动的一种新形式,当这种形式的旅游活动开展得越发有声势后,注定也会带动该地区常规旅游活动的开展。在这种情况下,旅游目的地就将逐步被打造为远近驰名的,集体育旅游、生态旅游、文化旅游为一体的综合性旅游区。

## 第二节 体育旅游与城市圈协同发展

体育旅游产业是由体育和旅游两大部分结合而成的全新综合性经济产业,既是体育产业的组成部分,又是对旅游业的一种丰富。据官方统计,随着近年来我国举办的国际性和全国性体育赛事的增多,特别是2008年北京奥运会的举办,这些赛事所创造

的体育旅游效益已占国内旅游总数的50%以上,2022年北京冬奥会的举办,必将带来这一比例数字在未来的上涨趋势。目前,我国体育事业的发展蒸蒸日上,旅游业的发展也有条不紊,体育旅游这一新型旅游形式正逐渐成为促进和推动现代旅游业和大型体育赛事发展的一个必要手段,其能否与体育赛事主办城市的城市圈协同发展,决定了其是否能在未来开辟出更广阔的发展空间。

**一、体育旅游活动对城市发展的经济影响**

(一)有助于增加外汇收入,平衡国际收支

一个国家发展旅游业的重要目标之一就是赚取外汇,提高该国的国际支付能力,平衡国际收支。体育旅游业在增加外汇收入、平衡国际收支等方面有着得天独厚的作用。特别是我国近十年来举办的国际性赛事越发增多,吸引了大量外国游客。以2008年北京奥运会时期的青岛为例,青岛作为我国著名的海滨城市,在北京奥运会期间承担了帆船项目的比赛,在赛事举办期间,共有来自60多个国家的400多名运动员来到青岛参加比赛,随之而来的还有大量赛事工作人员、新闻记者以及观赛观众,这些"外来"人员大大带动了青岛的体育旅游市场,同时也增加了众多就业岗位,一系列相关产业都受到了这股春风的惠顾。有数据显示,北京奥运会期间来到青岛的海外游客达79.53万人,所获外汇收入达4.34亿美元。借助了这一发展契机的青岛市也在国际上奠定了自己著名海滨城市的地位,这为其日后持续稳定的城市发展带来了不可估量的附加值。

(二)有助于带动旅游目的地的经济增长

对于一个城市的经济发展来说,外来人群所带来的消费可谓是非常重要的一部分收入。因此,搞好旅游业是为本地经济注入活力的重要举措,这点对于那些旅游资源丰富的地区的发展尤为重要。

　　体育旅游活动的开展要以体育赛事和体育景观等资源为依托,带动与其相关的周边产业的发展,如餐饮、住宿、纪念品、交通等行业,形成一条以体育旅游为核心的产业链。这条产业链越成熟,越能吸引游客前来,也就越能对这一地区的经济增长带来促进作用。反过来,一个城市的体育旅游消费收入越高,也就越能将这部分经费中的一定比例拿出来进一步建设体育旅游设施和完善服务。这就形成了一个良性循环的过程。

　　当参加体育旅游的游客来到体育旅游目的地后,首先其需要为吃、住、行、游做出必要的支出,此外,如果其参与的体育旅游活动为观看体育赛事,那么也一定会购买比赛门票,支出一些其他与观看赛事相关的花费。当前世界各国都非常热衷承办国际性大型体育赛事,借此能够吸引更多外来游客,创造旅游收入,尤其是像奥运会、足球世界杯等国际影响力超高的赛事,其所带来的体育旅游收入是非常可观的。例如,1984 年的洛杉矶奥运会所获得的体育旅游收入高达 32 亿美元,这一数字由 22.5 万名体育旅游者贡献；汉城奥运会所获得的体育旅游收入达 34 亿美元；悉尼奥运会所获得的体育旅游收入更是达 42.7 亿美元。再看亚洲的旅游之国——泰国,泰国在 1997 年的 GDP 增长率为 -1.4%,1998 年这一数字更是猛跌至 -10.8%,但 1998 年曼谷亚运会的举办再度激活了泰国的旅游业,也扭转了亚洲金融危机带来的经济颓势,使其在次年的 GDP 转负为正,攀升到 4.2%。

　　(三)有助于增加政府的财政收入

　　体育旅游产业的发展可以带来更多的收入,增加体育旅游地的政府收入。在某些体育旅游资源格外丰富的地区,来自体育旅游产业的各项税收的数额是非常巨大的,甚至可以成为支撑当地经济发展的龙头。由于参与体育旅游的游客基本为外来人口,这就使得所获得的财政收入更加纯粹,提升当地经济水平的效果最为显著。

### (四)有助于带动相关行业的发展

从体育旅游实践发展中可以看到,一个城市或地区的体育旅游业之所以能发展良好,离不开该地区其他经济部门或行业的配合与支持。反过来,良好的体育旅游发展现状也能带动当地其他经济部门或行业的发展,两者呈现出一种互相促进、互为依托的关系。体育旅游产业是一个关联性、带动性强且具有经济、社会、环境、文化等多方面效益的综合性产业。这就决定了其发展必然会影响到其他相关行业,不论施加的影响是直接的还是间接的。一般来说,体育旅游的发展能带动的相关行业主要有餐饮业、酒店业、信息业和交通业等。根据《2009—2011年中国体育旅游产品行业市场分析及投资价值预测报告》中的数据可知,我国体育旅游业的发展需要消耗59个行业的产品,而有96个行业反过来还要消耗体育旅游产业的产品。

现如今,越来越多的国家期待通过举办国际性体育赛事来推动本国的体育旅游业的可持续发展,以此作为新的增长点来刺激本国社会经济的发展,澳大利亚就是这一举措的受益国。2000年悉尼奥运会的举办就大大促进了悉尼这座城市的众多基础设施的建设,以此为城市乃至这个国家吸引到了更多的投资,由于旅游业基础得到了质的提升,也使其本国的体育旅游业、餐饮业、酒店业、交通业等得到了难得的发展机遇。据统计,悉尼奥运会的举办直接拉动了14个相关行业,间接拉动47个行业,另外还带动了20个行业的发展,可见这种带动作用的成效有多么显著。

### (五)有助于扩大就业机会

包括体育旅游在内的旅游业属于密集型产业,且与其他产业有诸多关联,它的持续快速发展,可以带动和刺激相关产业的发展,而要维持其正常的产业运转需要大量的劳动力。为此,体育旅游业的发展不仅增加了当地的经济收入,还为当地人民提供了大量工作岗位,为缓解地区就业压力带来了立竿见影的效果。

### (六)有助于提高城市居民收入

体育旅游在一个地区的开展会给当地居民带来一定的附加收入,而增加的收入也就成为了衡量体育旅游活动对目的地城市经济影响的一个重要指标。这些流入到旅游目的地的收入来自外来游客的旅游必要支出,以及体育旅游赛事组织者的花费,这些收入大大刺激了旅游目的地的多种产业销售量的增长,同时也增加了产业员工的收入。举例来说,美国曾对2002年盐湖城冬奥会举办地的不同产业从业人员的收入状况进行了评估,结果显示,从事服务行业的人员的收入水平因奥运会即将举办的利好影响而逐渐上涨,这种上涨势头到奥运会举办的前一年达到了顶峰。

总的来说,体育旅游活动对旅游目的地城市的社会经济发展起到了诸多有益的作用,但也不免出现一些由体育旅游活动导致目的地城市的经济出现一些如物价上涨、对旅游业的经济收益依赖过大等负面影响。因此,对体育旅游活动对目的地城市的经济影响的认识要更加综合全面,在体育旅游发展过程中加强对相关经济问题的统筹与管理,力求扬长避短,使体育旅游业和城市经济的持续健康发展变得稳妥可靠。

### 二、体育旅游活动对城市发展的社会文化价值

体育旅游活动属于社会文化活动中的一种。之所以认定这种活动属于一种社会文化活动,主要在于通过旅游行为的出现,会给外来人员和旅游目的地居民带来一个文化交流的平台,尽管从宏观上看两者交流的时间并不长。但鉴于旅游活动形成产业后,外来游客大量且持续地涌入,还是会给当地民众施加或多或少的文化影响,其中一些积极的文化内容也就具备了提升旅游目的地城市的社会文化的价值。

具体来看,体育旅游活动给城市社会文化发展带来的价值体

现在以下几方面。

(一)加强各国人民之间的相互了解和友好往来

旅游作为一种人与人之间的普遍性社会交往活动,除了能促进人们之间的彼此了解外,对国与国之间的友好关系也是一种极大的促进。就国与国之间的关系来说,其中有着太多复杂的事务,以致有时单纯以官方的形式采用行动是不可行的。而旅游活动作为一种非官方的接触方式,有时则能成为建立关系的纽带。若从这一角度来看,开展体育旅游活动就能在增进各国人民的了解与缓和国家间关系等方面起到不容忽视的作用。大型体育赛事的举办为体育旅游活动搭建了最佳的平台,但更大的意义在于,也为城市或国家之间的民众交往提供了平台,增加了民众间的交流和了解,彼此之间的误解才能逐渐消除,此后才会出现友谊、理解、包容、信任、支持,乃至最终的合作。着眼于更高的层面,这对于促进世界和平都有着特殊的意义。

(二)有助于提高民族素质,培养爱国主义情感

体育旅游项目开展的地区往往是那些远离城市的户外。当人们置身在这样的环境中后,更能放下身上的负担,重新找回真实的自我,由此能以更新的角度审视自我和社会,重新激发起人们的志向。不管是在国内游览各种体育旅游景观、美轮美奂的现代化体育建筑,还是在国外看到或听到对祖国体育事业所取得的成就的称颂,这些无形之中都会增强人们的自尊心和自豪感。

(三)有助于促进民族文化的发展与保护

体育旅游本身就是一种社会文化活动,其本身带有显著的文化活动特征,正常的活动开展少不了社会文化的支持。体育旅游者在活动中所需要的资源、设施和服务等无出其右,是以民族文

化作为其核心内容的,无论是自然资源还是人文资源均是如此。以我国较为丰富的民族传统体育旅游来说,对这些资源予以充分挖掘,一方面是对我国体育旅游产业的促进,另一方面也是对我国民族传统文化的一种保护,因为正是由于体育旅游的存在,才使一些民族传统体育运动重获生机,让更多的人们认识和参与。

## (四)有助于城市软环境的改善和居民生活质量的提高

实践已经证明,城市软环境的改善以及居民生活质量的提高是可以通过体育旅游这种活动形式带动起来的。这种改善与提高主要表现为为了支持体育旅游活动的开展,城市中的相关产业就要不断完善自身,亦或是城市自行完善基础设施建设。这样一来,城市软环境的改善也提升了当地居民的生活质量。从针对体育旅游市场繁荣的角度上来看,城市为了维持自身在体育旅游产业方面的亮点和特色,还需要对自身的文化风貌和生态环境进行升级,获得体育旅游者的良好评价,延续体育旅游产业的良好发展势头。

## (五)推动全民健身的发展和增进人们的身心健康

在体育旅游活动的带动下,旅游目的地的群众性健身活动也能得到促进。就一个地区的群众性体育活动的发展来说,只要有足够的宣传和造势活动,并且群众拥有开展体育活动的条件,往往都能获得不错的效果。随着全民健身活动的发展,人们的运动技能也会进一步提升,在体育旅游开展愈发火热的时期,也会得到更多群众的传播和带动,让更多的人参与到这种旅游形式当中来,这是一种相辅相成、共同促进的活动。另外,鉴于大多数体育旅游活动是在户外的自然环境中进行的,如江河湖海、沙滩、森林、冰雪等。这些优美的自然环境有益于人们的身心健康,是吸引人参与的重要要素,更是这项活动得天独厚的优势之一。

## 第三节 体育旅游与社会休闲协同发展

### 一、社会休闲的内容、特点和作用

（一）社会休闲的内容

社会休闲活动所涵盖的内容众多，形式也较为多样，这可为参加社会休闲的人士提供更多选择，满足他们多样化的休闲需求。总的来说，社会休闲的内容有如下七大类。

（1）创造活动。所谓的创造活动，是人们在兴趣的引导下在业余时间中进行的发明、研制、养宠、绘画、作曲、协作等活动。

（2）搜集活动。所谓的搜集活动，是人们在业余时间中进行的古董、邮票、纪念章、手办等物件的收集活动。

（3）教育活动。所谓的教育活动，是人们在业余时间中进行的对某一事物的研究行为，具体可为机械研究、旅游、博物馆参观等活动。

（4）竞争性运动和游戏。所谓的竞争性运动和游戏，是人们在业余时间中进行的有胜负结果区分的身体运动类或智力比拼类活动。

（5）非竞争性运动和游戏。所谓的非竞争性运动和游戏，是人们在业余时间中进行的不包含太多竞争性质的活动，如舞蹈、唱歌、骑马、登山、划船、钓鱼等。

（6）观赏活动。所谓的观赏活动，是人们在业余时间中进行的对体育赛事或演出的观赏活动。

（7）社会团体活动。所谓的社会团体活动，是人们在业余时间中进行的以团队为单位的社团组织、辩论会、合唱团、乐队、社会志愿者等活动。

## （二）社会休闲的特点

现代社会休闲活动的爆棚式发展得益于社会全方位的进步。就一个社会来说，其社会休闲活动的快速发展是社会文明发展到较高水平的一种标志。就本质来说，社会休闲活动的发展需要依靠社会中的诸多领域的进步，如宽松的政治氛围、良好的经济形势、多样化的文化以及人的开放思维与综合素质等。这样一来，若是细致研究现代社会休闲活动的特点，实际上也是对当前社会发展特点的研究。

总体来看，社会休闲的特点展现为如下几点。

### 1. 休闲时间长

社会生产力的发展使得生产效率逐步提升，这就让劳动者的劳动时间逐渐减少，为此人们就获得了更多的可供开展休闲活动的时间。足够的业余时间向来是休闲活动开展的必备要素之一。近几十年来，我国生产力水平的提升幅度较大，从20世纪90年代中期开始将劳动制度改为了一周5天，每天工作8小时。不仅如此，许多企事业单位还制定了"带薪休假""轮换休假"等一些休假制度，这就进一步从制度层面保障了休闲活动开展所需的时间，使现代人的总体休闲时间较之以往更长。

### 2. 休闲高消费化

随着我国社会经济水平不断提升，我国大众的可支配资金越来越多，再加上人们的体育运动意识和健康意识的不断增强，使得人们用于体育健身、休闲养生方面的消费逐年增加。社会文明促使更多的人转变了消费观念，越发重视以金钱的投入换取心情的舒畅或身体的轻松，也更愿意为身体健康投资。在当前，来自中产阶级的消费占据了社会消费大部分比重。相关调查表明，城镇居民消费需求的结构与过去相比出现了变化，居民的消费从过往更多地投向基本生活领域转变为更多投向居住、出行、休闲娱乐和健康等方向。由此看出，人们的消费方向更加多元，消费内容更加精彩和富有深远意义。

3. 休闲大众化

人类的本性中本来就包含追求愉悦这一内容。尽管在现代社会中人们已经摆脱了阶级压迫与主要矛盾的禁锢，但仍旧会经常沉浸于较大的竞争压力中。为此，人们心中普遍存在的摆脱压力和追求自由的共同本性也就表现了出来。休闲活动是人们纾解压力的有益方式，在信息技术发达的今天，一种广受好评的休闲活动会传播得更快、更广，迅速蔓延到社会各个阶层之中。实际上，无论社会发展到哪个阶段，大众所追求的休闲生活都是人们心中所期许的活动，不同点在于不同阶层民众的休闲方式不同，但这并不影响社会休闲活动展现出大众化的特点。

4. 休闲个性化

个性存在于每个独立个体之中，人们在社会生活中总会表现出个体的个性。就社会休闲活动来说，人们在活动之中表现出个性化的元素，也是一个现代人发展个性的过程。休闲活动的形式与内容众多，当人们确定要参加某项活动前，会根据自己的个性和兴趣做出安排，这本就是一个展现自我个性、满足自我需求的过程。

5. 休闲多样化

休闲活动的多样化可以表现在休闲活动的方式方法上，还可以表现在人们对休闲活动形式的自主选择上。这样一来，人们对休闲活动的多样化选择就可以不受他人影响，单纯地以个人的意愿来左右。

6. 休闲商业化

社会经济几乎充斥在社会的各个领域当中，社会休闲中自然也包含一定的商业化，这一特点在现代社会中的表现越发显著。

现如今的许多休闲活动为了满足人们更多的休闲需求,不断升级软硬件,提升综合服务质量,如此就使那些想要享受这些服务的休闲者要支付更多的费用。休闲活动本身就是一项消费活动,这是由于社会本身的经济化、商业化发展所决定的,并且这一特点不仅是在现在,在未来也仍旧是一种坚定的发展趋向。

(三)社会休闲的作用

当今社会休闲,不仅以各种形态影响劳动、家庭生活、文化及整个社会,其作用也是多种多样的。社会休闲的作用指的是个人对休闲活动的主观看法,它是一贯的休闲活动能力,是通过休闲获得的各种积极的结果。

现代社会休闲的作用非常广泛,例如,国内学者普遍认为:休闲具有政治功能;休闲是自由、幸福与快乐等人类发展目的的源泉;休闲是阶级特权的一种象征;应发挥休闲的个人效益(生理和心理)、家庭效益、社会效益、经济效益和环境效益等。

成思危先生在求是《小康》杂志社与同济大学高尔夫商学院主办的"2007首届中国休闲产业经济论坛"中提到现代社会休闲的重要性时,认为发展休闲产业有利于贯彻落实以人为本的发展观;休闲的发展有利于社会稳定,构建和谐社会;休闲的发展有利于我国经济的增长;有利于提高人民的教育科技文化水平。

国外学者的观点,大家普遍接受的是杜马哲迪尔提出的休闲具有休息功能、转换心情功能及自我功能。他认为:通过休闲可以恢复日常生活中和劳动中的肉体和精神的消耗;通过从日常生活中的逃避来解放精神压力和倦怠;休闲把人从个人的日常生活中解放出来,使其参加广泛的社会活动,从而提供自我实现的契机。金光得把休闲的作用分为积极和消极两个方面。积极的作用包括身体的、心理的、教育的、社会的、文化的、自我实现等;消极的作用包括单一化、模仿、伪装、迟钝、享乐等。

综合国内外学者的观点,我们认为,社会休闲的作用主要体现在以下几个方面:第一,社会休闲是有助于构建和谐社会,促进入全面发展的有效途径;第二,社会休闲有助于拉动消费,增加投资,促进社会经济的发展;第三,社会休闲有利于推动旅游业与体育旅游业的快速发展;第四,社会休闲有利于增加新的劳动就业岗位,提升就业率;第五,社会休闲有助于促进人与自然、人与社会的和谐共处。

## 二、体育旅游与社会休闲

发展到今天,市场中体育旅游产品可谓琳琅满目、特色鲜明,包含内容众多。鉴于体育旅游的类型众多,再加上旅游者对旅游的需求和参与方式的不同,使得体育旅游市场出现了进一步细分,至此就出现了几种更加详细的体育旅游类型,即体育休闲旅游、体育旅游休闲和休闲体育旅游。

### (一)体育休闲旅游

体育休闲旅游是休闲旅游形式中的一种,是体育旅游市场细分和丰富的产物。体育休闲旅游,是以休闲性的体育活动为主要手段,让旅游者参与其中并获得身心愉悦之感。它的开展地点往往远离城市,实际上也是以这种方式来"强行"将久居城市中的人们带到其他更能促进他们身心调节、放飞心灵、获得自我愉悦的环境中去,从而以更纯粹的、更真实的方式满足他们的健身和娱乐需求。相比于其他旅游形式,体育休闲旅游将"动"与"静"有机结合了起来,在过程中,人们会感到疲劳与休闲交替而来,如此既锻炼了身体,又放松了心灵。"行""居"有序,是体育旅游者在占据较多闲暇时间和可自由支配的经济收入后,旅行到具备一定体育服务设施的旅游地而进行的休闲娱乐活动。

体育休闲旅游具有自身独特性,相比于其他形式的旅游,体育休闲旅游有着显著的体育与休闲的特征,可以将人从外部环境的压力中释放出来,将其置身于自己感兴趣、主观参与意愿强烈的活动中去。旅游者参与到这样的活动中,注定会有一番愉快的别样感受。下表具体表述了体育休闲旅游与观光旅游、度假旅游之间的一些不同点(表3-1)。

表3-1 体育休闲旅游与观光旅游、度假旅游比较

| 旅游形式 | 体育休闲旅游 | 观光旅游 | 度假旅游 |
| --- | --- | --- | --- |
| 旅游时间 | 较短（假日消费） | 较短 | 较长 |
| 旅游目的 | 强身健体 | 开阔视野 | 放松身心 |
| 旅游周期 | 周而复始 | 一次性 | 周而复始 |
| 旅游差异 | 个性化、体验化 | 简单化、无差异 | 少差异 |
| 旅行方式 | 散客、团队 | 团队、散客 | 散客 |

（二）体育旅游休闲

体育旅游休闲是指旅游者以参与休闲活动为手段，以观赏或参与休闲活动为根本目的一种体育旅游活动形式。对于体育旅游市场来说，其可谓是一种向纵深的细化发展结果。

体育旅游休闲是对体育旅游资源和休闲资源的一种融合，进而也可以被视作是体育旅游产业和休闲娱乐产业的融合，更是两类文化的一种结合融合。如此就不难看出，体育旅游资源与产业、文化和休闲的结合所形成的复合体，就是体育旅游休闲的最大特点。体育旅游休闲强调的是旅游者的休闲娱乐行为，活动过程中较少有对旅游者的限制（必要的涉及安全的限制除外），其目的是帮助旅游者在活动中消除身心疲劳。

（三）休闲体育旅游

随着现代旅游产业带来的巨大经济效益，越来越多的国家开始大力发展本国包括体育旅游在内的旅游业。一时间，体育旅游成为了一种现代人可体验到内在规律性的社会时尚。在参与体育旅游的过程中，旅游者首先来到户外，回归到大自然当中，在这样的环境下才能更好地释放自我，并逐步融入到休闲体育旅游活动中。

从20世纪90年代开始，"休闲体育旅游"活动逐渐兴起，该

活动得到了社会多个阶层人士的关注,也吸引了越来越多的学者的注意,于是他们纷纷将研究的目光投向了这个领域。在旅游学的相关领域中,人们普遍认可的是将体育旅游看作是旅游系统中的一个组成部分。而休闲体育旅游又是体育旅游细分下的一个组成部分,对休闲体育旅游进行界定的依据是体育旅游产品的目的、内容、功能和资源。这样一来,就可以认定休闲体育旅游是人们在业余时间来到居住地之外的地区,以休闲体育活动为主要内容,以获得身心体验为目的,而开展的社会旅游活动。

休闲体育旅游中包含有众多类型,常见的类型有观光、健身娱乐、度假、拓展、竞赛、户外、滨海、民族等体育休闲旅游形式。

(四)体育旅游与社会休闲的互动关系

1. 体育旅游活动丰富了社会休闲的内容

体育旅游活动对大众业余生活的丰富和促进旅游目的地经济发展等方面具有较强作用,就丰富大众业余生活这点来看就极具价值,其不仅能满足大众的身心发展和兴趣需求,还是他们享受生活的好方式。

2. 社会休闲为开展体育旅游奠定基础

社会休闲产业带动了社会经济的增长,在其产业影响力越来越大之际,甚至已经改变了产业的结构。大众的健康意识越发增强,健身理念越来越先进,休闲手段也更加多样。种种这些变化都为体育旅游的发展创造了契机。

## 第四节 体育旅游与生态环境协同发展

### 一、体育旅游与生态环境保护之间的关系

生态环境是影响人类与生物生存和发展的一切外界条件的

总和。体育旅游对自然资源和生态环境有着较大的依赖,可以说,生态环境是体育旅游发展的基础。因此,对生态环境进行保护对体育旅游产业的可持续发展意义重大。反过来,生态环境保护所需的资金也会从体育旅游产业所获得的收益中获取。

久居城市中的人们对城市中充斥的各种污染早已难以忍受,他们期待能够回归到大自然,以体育旅游的形式来到生态环境良好的地区,从而远离喧嚣与污染,在宁静质朴的环境中找寻自我,舒适自我。为此,体育旅游目的地就应做好生态环境保护工作,给旅游者需求以满足,只有这样,才能稳定增加"回头客",使体育旅游产业的发展不断向好。例如,对体育旅游目的地植被的保护,可采取限流措施。这种措施的目的在于通过限制人数,来确保环境资源的承载不超标,保障资源的自我复原功能能发挥效果。尽管从表面上看这好似是限制了体育旅游活动的规模,影响了一定的收入,但从微观角度上看这种方式无疑能提升旅游者的旅游体验和舒适度,从宏观的角度上看,也是确保当地体育旅游产业可持续发展以及确保当地生态环境不被破坏的举措。如此一来,生态环境保护与体育旅游之间就形成了一种相互依托的紧密关系。

**二、体育旅游与生态环境协同发展的措施**

(一)在体育旅游活动组织中强化宣传教育,提高人们的生态环境保护意识

体育旅游与生态环境的协同发展,需要做好双方的工作。其中在体育旅游活动组织中要做好生态环境保护的宣传教育工作。现代社会是一个信息化社会,只有充分利用好信息的传播手段,才能将生态环境保护的理念传播得更为广泛,受众的知晓率越高。除了利用信息传播的方式外,对生态环境保护的宣传教育还可以以宣传人员深入环境去直接组织教育活动,以此提高当地领导层和民众的生态环境保护意识。所开展的教育活动内容应包

括环境和资源保护法律、法规、环境标准和清洁生产等,众多实用性较强的宣传内容有助于地区管理者提高正确处理生态环境保护与经济社会发展关系等问题的能力。另外,培养大众的生态环保意识要重视学校教育的作用,要求在广大中小学校中开展相关教育活动和课程,在大学、专科院校中设置生态环保专业,课程中所学内容要包含生态环境保护的相关理论知识和实践能力。

为将生态环境保护意识广泛传播,还应重视对社会大众的宣传教育,以期动员社会中的每一分子都能参加到生态环境保护工作中来。这其中,特别要重视农村生态环境保护的宣传工作,工作应从帮助农民改变传统生产和生活方式中对环境有害的行为入手,力求使保护农村生态环境的工作取得成效。宣传教育过程中,还要注意发挥新闻媒体的舆论监督作用,对社会中出现的与生态环境有关的事件做重点报道,宣传表扬先进典型,揭露批评错误行为,以此进一步烘托生态环境保护宣传工作的气氛。

(二)加强各地体育旅游部门之间的合作,建立生态环境保护综合机制

为了更好地促进体育旅游的发展及当地生态环境的保护,各地体育旅游部门应避免孤军奋战,而应尝试彼此间的合作,力争建立起一个专门针对生态环境保护的综合决策机制,并切实发挥其功能。为此,首先应落实当地政府对辖区内的生态环境保护的各项规定;其次将各级政府任期内以及年度环境保护目标责任制层层推进;最后,应特别将农村生态环境保护、自然保护区等生态功能区纳入应受保护的内容之中。另外,各级政府还应与其下属的农业、林业、畜牧业、水利、土地等部门签订生态环境保护责任书,以此督促这些部门切实落实好相关的生态环境保护制度。这些相关工作需由各级环保部门代表本级政府考核完成情况,对考评结果出色的要给予奖励,对结果不佳的要给予惩罚。各地区的主要领导要亲自抓好这项工作,一把手负总责,不仅如此,还要将本辖区的"生态环境保护和建设规划"纳入本地社会

经济发展的规划之中予以综合考虑,以确保各级政府对生态环境保护工作的投入到位,机制健全,形成有效管理。

### (三)建立生态环境保护监管体系并贯彻到体育旅游活动之中

体育旅游活动的开展地点几乎都在户外,且位于体育旅游资源丰富的地区。由于大多数体育旅游资源就是当地的生态环境资源,因此,在充分利用当地生态环境资源开展体育旅游活动之际,还应注重对其进行保护,如此才能使体育旅游产业获得可持续的发展。为此,建立起一个生态环境保护监管体系就显得非常重要。这一监管体系有助于各级环保部门了解自己在工作中应承担的任务,做好对生态环境保护的监督、协调等工作,以期不断加强对当地生态环境资源开发的规划和管理,以及实现边开发边保护的工作常态。

### (四)各地体育旅游部门要加大执法的力度,依法保护生态环境

现如今在经济利益的驱动下,生态环境被破坏的事件频发,为了遏制这种单纯为了经济利益而破坏生态环境的行为,加强相关法制建设,实现治理破坏生态环境的行为时有法可依,是推动生态环境保护工作的重要保障之一。就体育旅游项目的开发来说,其经常会借助自然资源,然而这种借助务必要在合理和适度的原则下进行,并且还要符合国家在相关领域中的法律法规,对任何破坏自然资源和环境的做法应坚决杜绝。要知道,国家在打击破坏生态环境的违法犯罪行为上的信心是非常坚定的。在执法上应不断加大力度,给予违法者足够的警示,对于那些严重的违法行为,还应给予严厉惩罚。

### （五）针对体育旅游地进行分类指导，实现生态环境保护的分区推进

纵观我国的生态环境状况可知，我国的生态环境普遍较为脆弱，承载能力较低。这种生态环境状况对于承载开发来说无疑会承受较大压力，也会给生态环境保护工作带来了巨大挑战。然而，对于挑战无法回避，只能勇敢应对，并尝试改变陈旧的生态环保理念，探寻出有效的工作举措。在体育旅游活动开展的过程中，对重点地区的重点问题要花大精力，下大力度予以整治，有针对性地制定保护规划，实行分类指导，实现生态环境保护的分区推进。

具体来说，以分区推进的形式做好生态环境保护工作首先要对当地的生态环境情况做客观和详细的分析，以此搭建好生态功能区划和相应规划的基础。这里特别要强调对三种不同类型区域所做的保护工作。

第一种是影响我国生态安全的重要生态功能退化区和重要生态功能保护区。针对这两类地区要制定专门性保护规划，对其中急需保护的资源做抢救性保护。另外，还应明令禁止那些可能给区域环境带来进一步恶化的体育旅游开发活动。

第二种是重点自然资源开发区。在对体育旅游资源做重点开发的地区，需要制定一套配套的资源保护办法及由开发活动导致的对生态环境构成影响的评价指标体系，对不合标准的开发行为要加以制止，加大执法力度和处罚力度，归根结底的目的在于能将资源开发与生态环境保护并举，配套执行，将体育旅游资源开发造成的对生态环境的破坏影响降至最低。

第三种是生态环境良好地区。对生态环境良好的地区做出的保护行为的目的在于维持现有的生态环境状况。为此，各体育旅游部门应努力引导各方的生态环保意识和行为；制定相关保护政策和法规，使生态保护工作有章可循；建立检查考核制度，做好相关生态环境事务的管理工作；积极发挥舆论优势，对为生态环境保护工作作出贡献的单位或个人给予宣传表扬。

## （六）为促进体育旅游与生态环境的协同发展，需增加生态保护投入，加大科研支持能力

开发体育旅游资源，一定要建立在改善生态环境、改善生存环境和改善投资环境的基础上。对生态环境的开发需要配套进行环境保护和生态再建设，这是必不可少的环节，因此要确保相关投入的到位。各有关单位一方面要重视经济建设，搞好资源开发；另一方面还要注重生态建设，对生态保护工作也要真金白银地投入，使开发与保护两项工作同步起来。在实际工作中，如果发现开发方只注重开发而不注重保护的，若是在开发前则需令其重新修改开发计划，增添生态保护方面的计划。若是在进行中的开发活动中发现没有按原计划对生态环境做出保护的情况的，则应及时叫停。

重视生态环境保护工作的思路应贯穿于体育旅游资源的开发始终。对生态环境的保护所带来的社会效益是非常深远的，它是真正着眼于未来的一种可持续发展理念的体现。为此，加强生态环境保护相关的科学研究和新技术应用很有必要。政府有关部门在其中应该发挥更大的作用，特别是应给予有关生态环境保护的科学研究项目较大的支持，加大对相关研究的经费投入，或在其他方面给予优惠政策，切实加强生物多样性保护、生态恢复等重点生态环境保护领域的技术研发工作。

# 第四章 我国体育旅游产业协同管理与发展态势分析

我国体育旅游产业,作为我国新兴产业之一,有着非常重要的地位和作用,当前,协同管理逐渐应用于体育旅游产业中,这也从一定程度上推动了我国体育产业的发展,并且呈现出了相应的发展态势。本章主要对我国体育旅游资源的开发现状、体育旅游的参与现状、影响人们参与体育旅游的因素,以及我国体育旅游产业协同管理与发展中存在的问题等几个方面加以分析和阐述,由此,能对体育旅游产业的协同管理与发展态势有全面且深入的了解与认识。

## 第一节 我国体育旅游资源的开发现状

### 一、我国体育旅游资源开发的总体现状分析

通过对我国体育旅游资源开发的总体分析,可以将其开发现状大致归纳为以下几点。

(一)地区之间体育旅游资源的开发程度存在差异性

我国地大物博,从总体上来看,我国的体育旅游资源是非常丰富的,这些体育旅游资源在不同地区,由于受到该开发城市的经济发展情况以及其他各种因素的影响和制约,其体育旅游资源开发的程度具有一定差异性。

调查发现,我国体育旅游资源开发程度的差异性,主要从东西部地区上得以体现。其中,开发程度比较高的,是经济发展水平较高的东部沿海城市和北京等经济发达城市。北京作为该地区的典型城市,其体育旅游资源开发项目有70多项,是开发最多的城市。其他的沿海城市的开发程度会稍微低一些,在项目数量上也能达到十几二十项之多。而经济发展水平较低的西部地区,体育旅游资源的开发程度都相对比较低,只有徒步和登山项目得到了较好的开发。但近几年西部地区体育旅游资源的开发程度呈现出逐渐上升的态势,有着非常好的开发和发展前景。

(二)各个地区都有着丰富的开发资源

我国的体育旅游资源是非常丰富的,这是我国体育旅游产业发展的一个重要的物质基础,体育旅游的开展与发展都与这一良好的自然条件有着分不开的密切联系。

新中国成立以后,我国在政治、经济、文化等方面的发展速度迅猛,人们的生活水平也有了大幅度的提升,在这样的物质条件下,体育运动逐渐走向人们的生活,并且占据的分量越来越重,成为人们生活中不可或缺的重要组成部分。对于海滨城市来说,18000多千米的海岸线就是非常重要的体育旅游资源,在这样的条件下,能够广泛开展游泳、潜水、冲浪等旅游项目;众多的山川则为登山、攀岩等体育旅游项目的开发创造了绝佳的自然条件,除此之外,还能有效开发和发展各种滑雪场和森林公园。这些条件对于体育旅游资源的开发都是非常有利的,为各地区体育旅游资源的开发创造了良好的基础。

(三)旅游资源项目的开发程度有所差别

相较于国外来说,我国现阶段的体育旅游资源项目的开发还处于初步发展阶段,有很多的项目还处于不断的探索阶段,不管是科技水平还是普及程度上,都要有进一步的提升。

目前来看,开发程度较高的项目通常是一些生活化特点较为显著的体育旅游项目,较具有代表性的有:滑雪、蹦极、垂钓、自行车游、徒步游、自驾车游、高尔夫球等,这些体育旅游项目与人们的生活是有着非常密切的关系的,开发难度相对比较低,潜力比较大。而开发程度比较低的,则是那些科技含量要求高的项目,比如比较典型的高技术蹦极、漂流探险、穿越、登山等。这里要重点强调的是,冒险性体育旅游项目的发展并不理想,在我国,难度较高的项目的开发是很难的。

### (四)开发民族传统体育旅游资源的意识不够理想

我国人口众多,由 56 个民族构成,其中,绝大部分是汉族,少数民族只占到总人口的 10% 左右,但在不断的交流与沟通过程中,民族之间逐渐形成了融合,民族体育资源也在这一融合的过程中逐渐形成并积累起来,且各个民族的体育旅游资源都具有自身的独特性。

这些民族体育旅游资源都有着非常显著的民族文化特性,但在对这些民族体育旅游资源进行开发的过程中,受经济利益的驱使,有些项目开发单位只重开发不重保护,对人文资源造成了不同程度的破坏。另外,受保护力度不够、挖掘和开发的完整性欠缺等原因的影响,一些民族体育形态原有的亲切真实、淳朴自然的特性逐渐消失,这也在很大程度上损害了民族传统体育资源。因此,就要求在对民族传统体育资源进行开发的时候,一定要有长远的眼光,严格遵循"未开发,先保护"的原则,避免因为眼前的利益而失去了未来长远的可持续发展。

### (五)体育旅游专项人才欠缺

体育旅游在我国的起步比较晚,这就导致在很多方面都存在着局限性。比如,专业人才就是一个显著制约因素。当前,体育旅游方面的人才建设工作还不够完善,培养和培训机制有待于进一步优化。体育旅游资源的一些项目的开发需要具有专业经验和技术的人才,因为这关系到游客的人身安全,尤其是在登山、攀岩、滑翔伞等一些危险系数比较高的体育旅游项目中,更要重视相关人才的培养。

除此之外,高校也是培养体育旅游人才的重要基地。调查发现,体育旅游在高校中通常是被分为两个学科进行的:一个是体育学科,一个是旅游学科,这两学科之间是不交叉、不相通的关系,要想由此而培养出综合性的人才是不可能的,这就导致了资源浪费问题的出现。从现阶段体育旅游人才的调查研究看出,大部分出自于旅游专业,体育专业知识并不深厚,这对于我国体育旅游资源的综合全面发展是非常不利的。

## 二、我国已开发的体育旅游资源项目分析

我国地大物博,有着丰富的体育旅游资源,目前已经开发并且发现态势良好的运动项目有很多,其中,较为典型,且发展、普及程度较高的有以下这些。

### (一)滑雪

在已经开发的体育旅游资源中,滑雪是在数量上占据优势的一个典型项目,在总的已开发的体育旅游资源项目中滑雪有超过五分之一的占比,是占比最高的体育旅游资源项目。

滑雪运动对气候环境有着非常高的要求,这就决定了其只能分布在中国的北方地区。其中,滑雪旅游场地最多的地区为北京市和黑龙江省。但随着科技的进步,在一些南方地区也逐渐开发了一些滑雪场地,主要分布在云南、四川成都、重庆等地。相信随着科学技术的不断发展,越来越多的滑雪场会出现在南方地区。

### (二)登山

登山运动在总的体育旅游资源中所占的比重也超过了五分之一,仅次于滑雪,两者在总数量上相差无几。

通过对我国的地形特征进行分析,结合登山运动的特点,可

以归纳出登山运动较为典型的分布地区为：新疆、青海、西藏,这些地区的主要特点是,位于我国高原地区,山岭分布较多,环境气候条件与登山旅游资源项目的开发要求相适应,这也就决定了,这些地区中的登山项目的开发程度比较高,数量也相对更多一些。典型的有：西藏的珠穆朗玛峰、乔戈里峰、启孜峰等,除此之外,新疆的托木尔峰、慕士塔格峰,青海的阿尼玛卿山、玉珠峰、祁连山脉岗石卡雪峰等。

（三）漂流

除了滑雪和登山运动外,其他的体育旅游资源项目的发展相对都逊色一些。比如,漂流运动在已开发的体育旅游资源项目中所占的比重只有12.9%,要比滑雪和登山所占的比重低很多,但是,其在分布的广泛程度上却是非常高的。

漂流运动所分布的地区达到了23个省及自治区,其中,分布最多的是广东省,漂流运动在广东省境内已开发的项目数量是全国漂流旅游资源项目数量的三分之一。除此以外,北京、重庆两个地区的漂流运动分布也较为广泛。这些漂流旅游项目,不仅具有优美的风景优势,还有其他风景区所没有的体验运动的乐趣,因此,对游客的吸引力是比较大的。

（四）攀岩

近年来,人们对比较刺激和具有挑战性的运动项目越来越青睐,攀岩就是其中典型的运动项目之一,作为新兴运动项目,攀岩很快被人们,尤其是年轻人所接受并喜爱。

调查发现,已开发的攀岩旅游项目在总开发的体育旅游资源项目中的占比为7.7%,但是,这并不影响攀岩运动项目普及程度的不断提升。攀岩运动项目的分布地区主要为我国著名的大学校园,如中国地质大学(北京)、北京大学、中国地质大学(武汉)、吉林的长春科技大学,上海的同济大学激浪运动工场等,这些大学的攀岩项目与通常我们所说的户外运动的攀岩运动有所差别，这种处于大学校园中的攀岩项目在功能上更加丰富，因为其兼顾旅游、教学功能。除此之外，专门的攀岩旅游项目也是存在的，较为具有代表性的如北京的国家登山队训练基地、雁栖湖、生存岛，山西的壶关县太行山大峡谷、广东的燕岩等。

### （五）高尔夫球

近年来，高尔夫球在我国的发展和普及程度越来越高，在我国现阶段已开发的体育旅游资源中，是发展成熟度最高的一个项目。

高尔夫球项目在我国的分布范围是非常广泛的，全国各地都有分布。高尔夫球属于高端体育旅游资源项目，因此，其对一个城市的经济条件、发达程度有着相对更高的要求，这也就决定了北京、上海、广东等地高尔夫球的分布是最为广泛的。

### （六）其他项目

在全国范围内已开发的体育旅游资源项目有很多，除了上述几个典型项目之外，还有一些项目的普及程度也比较高，比如，垂钓、野营、远足、滑冰、森林探险、民族体育、定向越野、自行车旅行等。这些已开发的旅游项目已经逐渐被人们接受并广泛开展，成为人们日常生活中不可或缺的重要组成部分，同时，一些新的旅游区域也有逐渐挖掘开发的趋势。

## 第二节 我国体育旅游参与现状与分析

我国体育旅游的参与现状，可以根据不同人群的具体情况来加以分析和阐述。具体可以从参与动机、认知情况、实践经历以及消费等方面得到体现。

## 一、不同性别人群体育旅游的参与现状

### (一)参与体育旅游的动机

不同性别的人群参与体育旅游的动机存在差异。调查统计发现,不管是男性人群还是女性人群,其体育旅游的主要动机都会涉及到娱乐、休闲和健身这几个方面。除此之外,还有寻找刺激这一动机,只是其所占的比重比前面几个要小一些。一般来说,娱乐是人们参与体育旅游的最主要的动机,然后才依次是休闲、健身、寻找刺激。对于女性群体来说,她们参与体育旅游的动机最主要的是娱乐和休闲,这一点与男性以健身和寻找刺激为主的动机是有所不同的。

### (二)对体育旅游的认知情况

不同性别人群对体育旅游项目的认知不同,例如,男性对滑雪、登山、游泳、漂流、垂钓、野营、攀岩、远足、潜水等体育旅游项目的喜好要超过女性。除此之外,男性对狩猎、冲浪等刺激性项目的认知程度普遍要比女性高一些。

### (三)体育旅游经历情况

首先,在人数比例方面,男女参加体育旅游有着显著差异,其中男性参与过的体育旅游活动占到三分之一左右,女性则只有四分之一。由此可见,男性参与体育旅游的意愿要高于女性。

其次,在体育旅游活动项目方面,男女的差异性在参加运动会、登山、野营等一般的体育活动上没有明显的体现,但是在滑雪、漂流、潜水、探险、攀岩等极限运动项目上,男女之间显著的差异性就表现出来了。因此,在发展与开发体育旅游项目时,性别因素是要充分考虑的重要因素。

## （四）体育旅游消费情况

调查发现,不同性别人群在是否参加过体育旅游方面是有所差别的,在体育旅游上的消费水平也各不相同。其中,200元以下100元以上的消费层次所占比重是最大的,其次是100元以下。

对其进行进一步的分析,体育旅游消费在性别上也存在差异性,具体来说,男性群体的体育旅游消费水平大多集中在51—100元,而女性则集中在50元以下。

## 二、不同年龄人群体育旅游的参与现状

### （一）参与体育旅游的动机

年龄会对体育旅游动机产生一定的影响,不同年龄人群的体育旅游动机是有所差别的。调查发现,休闲是各个年龄人群参与体育旅游的相同动机,其差异性则主要表现为以下几种不同的排列顺序。

（1）娱乐、休闲、健身、刺激。这一排序对于7—15岁、16—20岁和41—45岁人群是适用的。受心理发展特点的影响,前两个年龄段人群的娱乐、刺激动机的比例要高于后面年龄段,而后一个年龄段人群的休闲、健身动机比例又高于前两个年龄段人群。

（2）娱乐、健身、休闲、刺激。这一排序反映的是21—25岁、26—30岁、31—35岁和36—40岁人群的体育旅游动机。其中,前两个年龄段人群对刺激的追求比后两个阶段人群强烈,比例要高。这也就从侧面反映出了年轻人寻求刺激的愿望更为强烈,但健康意识较为薄弱。

（3）休闲、健身、娱乐、刺激。这一排序反映的是46—50岁人群的体育旅游动机。

（4）健身、休闲、娱乐、刺激。这一排序反映的是51—65岁人群的体育旅游动机。

（5）健身、娱乐、休闲、刺激。这一排序反映的是66—70岁人群的体育旅游动机。这一年龄段的人群已经基本处于离退休阶段,压力减缓,闲暇时间增多,这就为他们关注健康提供了良好的条件,娱乐、休闲成为主要动机。

（6）健身、娱乐、休闲、刺激。这一排序反映的是70岁以上人群的体育旅游动机。由于这一年龄段人群是各种疾病的高发时期,因此,他们的健身意识非常强,娱乐、休闲、刺激成为其后三位的主要动机。

（二）对体育旅游的认知情况

不同年龄阶段,对体育旅游的认知情况也是不同的。调查发现,相较于其他年龄段,16—30岁这个年龄段人群对体育旅游概念的认知程度要更高一些,之后便呈现出总体下降的趋势。但在41—45岁和61—65岁这两个年龄段,在体育旅游概念的认知程度方面是呈现逐渐回升的发展态势的。[①]

（三）体育旅游经历情况

不同年龄人群,他们在参加体育旅游活动方面也是有差别的,并且差别较为显著。总体来说,在年轻的时候,会有更好的体力、精力去参与体育旅游活动,而随着年龄的增长,家庭、工作事务繁忙,闲暇时间较少,再加上体力、精力的下降,人们参与体育旅游活动的经历就会逐渐减少。

（四）体育旅游消费情况

对于所有的参与过体育旅游的人来说,几乎都存在着体育旅游消费的情况,只不过在消费水平上有所差别。一般来说,年龄越小消费水平越低,而随着年龄的增长以及经济实力的增强,其体育旅游消费水平会呈现出逐渐上升的趋势。

---

① 于素梅等.中国体育旅游研究[M].北京:中国水利水电出版社,2008.

### 三、不同文化程度人群体育旅游的参与现状

#### （一）参与体育旅游的动机

通常情况下，人们参与体育旅游的动机基本上体现在娱乐、健身、休闲三方面，寻求刺激排在最后。对于不同文化程度的人群来说，他们参与体育旅游的动机也是不同的。对于文化水平较低的群体来说，娱乐、休闲是最为主要的体育旅游动机，而对于文化水平较高的人来说，他们的体育旅游动机则集中在健身和娱乐两个方面。

#### （二）对体育旅游的认知情况

文化程度不同，对事物的认识水平也不同，这在体育旅游方面也是如此。随着文化程度的不断提升，人们对体育旅游概念的认知程度会越来越高，对体育旅游作用的认知也呈现出逐渐上升的趋势。

文化程度不断提升，人们在价值观、审美情趣和休闲方式等方面的认识也更加全面和深入，思想的先进程度会提升，对新潮事物的接受度较高，对体育旅游的整体认知度就会越来越高。

#### （三）体育旅游经历情况

通过对不同文化程度人群参与体育旅游活动的情况进行调查分析可以发现，对于大多数运动项目来说，其参与人数会随着人群文化程度的逐步提高而有所上升，但是，这并不适用于所有的体育旅游运动项目，游泳、垂钓等项目是例外。除此之外，参与远足项目的人群随着学历层次的提高则呈逐步减少的趋势。由此可以得出结论，体育旅游项目的开展受参与人群文化程度的影响的大小是有所差别的，没有统一的影响效果。

### （四）体育旅游消费情况

不同文化程度人群的体育旅游消费,随着参与人群学历的增高,其消费水平也会有所提升,同时,高消费的人群数量呈现出逐渐增多的趋势。参加过体育旅游的不同文化程度人群,其未来的体育旅游消费会比之前的体育旅游消费水平低很多,同时,随着体育旅游产品价格的提高,参与的人群会呈现出逐渐减少的趋势。

## 四、不同职业人群体育旅游的参与现状

### （一）参与体育旅游的动机

不同的职业人群参与体育旅游的动机也是不同的。其中,大部分职业人群参与体育旅游的主要动机为娱乐,其次是健身,再次是休闲,最后是刺激。具体职业不同,其体育旅游动机也有所差别。

（1）对于国家机关、党群组织、企业、事业单位负责人这一类职业人群来说,他们的体育旅游动机类型为:健身、休闲、娱乐、刺激型。这类人群的主要特点是,要保证工作时间的充足,对身体健康要求较高,这就决定了他们对健身的重视程度比较高,而休闲、娱乐可以借助考察、游览的机会获取,因此,关注程度少一些。

（2）对于专业技术人员这一类职业人群来说,他们的体育旅游动机类型则为:健身、娱乐、休闲、刺激型。这类职业人群对健康的要求也较高,因此健身排在首位,娱乐是他们的第二动机,休闲和刺激则排在最后两位。

（3）对于办事员、农民、工人和待业人员,这一类职业人群来说,他们的体育旅游动机类型为:娱乐、健身、休闲、刺激型。这是因为这类人群的经济水平较低,出游机会较少,因此,娱乐成为

他们参与体育旅游的首要动机,其次是休闲和健身,然后是刺激。

（4）对于商服、军人、学生以及不便分类的其他人员来说,这一类职业人群的体育旅游动机类型为:娱乐、休闲、健身、刺激型。这是因为这类人群对娱乐、休闲、健身的动机程度基本差不多。

（5）对于离退休人员来说,这一类职业人群的体育旅游动机类型为:健身、娱乐、休闲、刺激型。这是因为这类人群通常身体条件欠佳,需要进一步增强健康,因此,健身成为首要动机。

## （二）对体育旅游的认知情况

不同职业人群对体育旅游都是有一定的认知的,但是,受到职业性质、思想等方面不同的影响,致使其对体育旅游的认知程度上或多或少有一定的差别,这种差距可以通过宣传、推广等方式来缩小。

## （三）体育旅游经历情况

不同职业人群参与过的体育旅游活动项目也是有所差别的。比如,登山、游泳、观看或参与运动会,是各职业人群参与经历最多的体育旅游项目,而探险、滑翔、攀岩和潜水等极限运动则是参与人群最少的项目。因此,我国近阶段要加大对体育旅游的宣传和推广,进一步开发新的体育旅游产品,使人们的精神文化生活得到有效的充实和丰富。

## （四）体育旅游消费情况

参加过体育旅游且希望将来继续参加的,与以前没有参加过希望将来能够参加的不同职业人群之间存在着较大的消费水平差异。其中,消费水平最高的当属国家机关、党群组织、企事业单位负责人等人群,还有一部分不便分类的其他从业人员,他们对体育旅游的高消费的接受度也比较高;其次是办事人员和有关人员,商业、服务业等人群,离退休人员;待业人员和学生的消费水平则是最少的。

# 第三节 我国体育旅游产业协同管理与发展中存在的问题

我国体育旅游产业协同管理与发展，已经取得了一定的成效，并且正有条不紊地朝前推进着，但是，协同管理和发展过程中仍然存在着一些问题，亟须解决，大致可归纳为以下几点。

## 一、在体育旅游方面缺乏科学的规划

体育旅游的协同管理和发展的推进，必须在一定的体育旅游规划指导下才能进行，否则就失去了科学的导向作用，协同管理与发展的效果就会受到影响。但是，从当前的态势来看，在我国，只有安徽省制定了《体育旅游产品发展规划》，其他省市的专项规划方面都是欠缺的。由此可以看出，我国体育旅游产业协同管理与发展在规划和指导的统一上是较为欠缺的，这就会制约甚至阻碍我国体育旅游产业的发展，具体来说，布局不合理、定位不准、缺乏特色、设计粗糙、与整个景观的融合度低和不协调等，都属于体育旅游缺乏科学规划的范畴中，如此一来，就会破坏体育旅游资源，同时，对资源的深度开发和可持续利用也会产生不利的影响。

## 二、体育旅游基础设施无法满足实际需要

目前，体育旅游项目已经逐渐走进景区，这也成为我国体育旅游发展的一个重要趋势，但是，仍有一些问题普遍存在，亟须解决，比如，景区周边的交通情况没有得到同步改善，使得一些景区的可达性非常差，影响了其客流量的提升，进而制约了该景区的进一步发展。另外，景区的基础设施建设也没有做好，存在着制约体育旅游产业发展的问题，这可以归纳为两个方面：一方面是

停车场、景区内相关服务设施的配套不合理或者不达标,这主要涉及到游客集散中心、标示标牌、旅游厕所、旅游公共信息系统等方面;另一方面,在交通设施方面也大都没有达到标准,比如,步道、自行车道、野外宿营地的建设等。

### 三、体育旅游缺乏专业人才的支撑

体育旅游产业,某种程度上是体育与旅游的交叉、融合所形成的一种新的产业形式,体育旅游产业的发展,是需要足够多和足够强的人才做支撑的,这是必不可少的重要因素和条件。缺少了专业人才的支撑,体育旅游产业的发展就不可能实现。

具体来说,体育旅游产业所需要的人才可以分为三种类型:首先是专业的管理人才,其应该具备的条件和要求为,一要擅长旅游经营管理,二要有良好的体育专业技术、理论知识储备;其次专业的技术指导人才,主要是指漂流的救生员、滑雪的导滑员等;最后体育旅游产品的创新、研发人员。从目前体育旅游产业发展态势来看,这三种人才都普遍缺乏,这限制和影响着我国体育旅游业的发展,要尽快加以改善。

### 四、体育旅游制度保障不理想

相较于国际上的体育旅游强国,我国体育旅游产业发展的程度还比较低,体育旅游相关制度的建立还刚起步,离健全还有一定的距离,建设力度不够,这也在一定程度上制约甚至阻碍了体育旅游产业的进一步发展。从具体意义上来说,体育旅游相关制度在建设力度上是远远不够的,这主要体现在两个方面:一方面,是体育旅游企业的从业审批制度不健全;另一方面,是监管、评价制度不健全。

## 五、体育旅游产品体系健全程度不够

从我国体育旅游产业的发展总体状况来看,我国体育旅游产品体系尽管已经建立了起来,但是,在体系的健全程度上还远远不够,具体有以下几点表现:第一,体育观赏性产品的开发不够充分和深入,没有将不同体育观赏性产品之间的差异化和特色化表现出来;第二,参与性产品水平低且重复现象严重,同时,项目和产品运营周期长,更新率较低;第三,体育演艺类产品所包含的文化较少,艺术品位较低,缺乏特色鲜明的"精品"和"特品";第四,市场定位不够清晰、运营效益不理想,这也是一部分体育旅游产品中存在的普遍现象;第五,地区分布不均和运营季节波动较大的现象也非常显著。

## 六、政府职能发挥不充分,协管机制欠缺

体育旅游产业作为一种新兴的产业类型,其本身具有显著的综合性特点。体育旅游产业的发展,是离不开政府的支持的,并且政府所发挥的作用是不可被替代的。但是,实际状况并非如此,调查发现,目前政府在体育旅游产业发展方面缺乏健全的协管机制,各个部门之间的资源没有做到有效整合、高效利用。这些都制约着我国体育旅游产业的协同发展,是亟须解决的重要问题。

## 七、体育旅游在营销、宣传渠道拓展方面要加大力度

体育旅游要想获得全面且深入的发展,做好相关的营销和宣传工作是至关重要的。

首先,从营销方面入手,我国目前在体育旅游发展过程中,用到的还是较为传统的营销手段,具体的营销方式为旅游社招徕,缺乏先进的、新兴的营销方式和手段,应该尝试将网络营销、体验

营销、合作营销等作为主要的营销方式。

其次,宣传渠道单一,政府层面的公益性、教育性、主题性的宣传教育较为欠缺,只在企业层面进行宣传。同时,还存在着宣传形式单一的问题。

# 第五章 我国体育旅游市场的开发与协同管理研究

对体育旅游市场进行充分开发与做好协同管理等工作是打造可持续发展的体育旅游市场的关键。相对体育旅游产业发达国家而言,我国的体育旅游市场还处于初期阶段,在发展过程中难免出现开发深度不足或管理不到位等情况。为此,对相关问题进行研究,找到问题解决的方法就显得非常紧迫。

## 第一节 体育旅游目标市场的选择

### 一、分析细分市场

对市场细分方式的分析是体育旅游企业选择目标市场的首要步骤。为了能够更加准确地对市场进行细分,在前期收集相关信息、资料和数据是必不可少的工作。然后再以这些信息为依据对细分市场进行详细研究,其研究的主要内容有以下几点。

(1)研究细分市场的客源情况。研究客源情况对各个行业来说都是决定产品能否获得成功的关键环节。对细分市场客源情况的研究具体应包括其接待规模、旅游所需的天数和游客的平均消费能力等,据此确定产品所针对的对象。

(2)研究原有客源市场的行业市场占有率。对这一内容的研究主要是为了确定本企业在行业中的总体位置,以及在客源市场中的占有率情况。如果企业的主要客源市场在行业内具备一定的优势,就相对更容易发挥企业的经营优势,那么这个客源市场无疑就是较为理想的。

(3)研究细分市场的发展潜力。对细分市场发展潜力进行研究的目的是为判断目标市场在得到开发之后是否能在预定期限内达到企业的需求规模和经济收益。

(4)研究影响细分市场发展的因素。细分市场的发展会受到多种因素的影响,常见的因素有市场结构、市场政策和客源市场等。对这些因素进行细致研究,可使对细分市场发展的研究有更直观的依据,研究结果也会变得更加准确。

在实际的细分市场环节中,多数需要关注到的内容都是处于动态之中的,因此就使得对每个细分市场的研究都应尽量做到全面。

## 二、评估目标市场

对目标市场进行评估是选择目标市场步骤中的第二步。具体来说,对目标市场进行评估的内容和步骤如下。

### (一)评估各类细分市场的经营业绩

在评估目标市场的工作中,必定要对细分市场的经营业绩进行评估。通常情况下会对客源市场和本企业的经营特点进行分析,然后以体育旅游产品的类型和旅游者的消费档次作为市场细分的依据,如此可形成九个细分市场。详情见表5-1。

表5-1  体育旅游市场经营业绩评估

| 产品类型 | 低档消费 | 中档消费 | 高档消费 |
| --- | --- | --- | --- |
| 休闲享受型 |  |  |  |
| 竞技型 |  |  |  |
| 极限型 |  |  |  |

## （二）判断各细分市场的经营吸引力

从细分市场中表现出来的经营吸引力是决定市场规模和企业竞争地位的关键要素，因此应做到更加严谨地分析。

在体育旅游市场竞争实践中，若市场中缺乏足够的客源，就形成了一个买方市场。为此，各体育旅游产品提供方为了争夺这些客源就不得不打出价格牌，但即便如此吸引到了客源，企业的利润也是微薄的。另一种情况是，即便消费者对产品有着较大的需求，但企业的实力不足，或是在市场竞争中处于不强势的地位，那么这样的市场也无法称得上是对企业有吸引力的。下表是一个目标市场经营吸引力的分析，其依据为众多休闲享乐型体育旅游市场的经营业绩（表5-2）。

表5-2 目标市场经营吸引力分析

| 休闲享乐型体育旅游 | 当年营业业绩（万元） | 下年预计营业业绩（万元） | 年增长率（%） |
| --- | --- | --- | --- |
| 行业营业额 | | | |
| 本企业营业额 | | | |
| 绝对市场占有率 | | | |

### 三、确定竞争对手

在目标市场的选择过程中不能忽视对竞争对手的明确。明确竞争对手实际上是给己方的产品开发以一个明确的目标。确定竞争对手实际上有两个内容，一个是要确定主要的竞争对手，另一个则是确定竞争对手的经营目标。

## （一）确定主要竞争对手

在体育旅游产品市场当中，查找主要竞争对手的标志主要有以下两点。

(1)制订相似价格的体育旅游产品的生产主体。

(2)制订相似消费群体的体育旅游产品的生产主体。

### (二)了解竞争对手的经营目标

对于包括体育旅游企业在内的任何企业来说,经营目标始终都是非常关键的要素。不同的经营目标自然就决定了不同的经营方向、经营重点和经营策略。因此,确定竞争对手的同时也要了解对方的经营目标,所谓知己知彼,百战不殆。

当获悉了竞争对手的经营目标后,要对其进行仔细分析,将对方的目标与本方经营目标反复比对,发现本方目标的优势与不足。具体的比对项目主要包括对方的市场竞争实力、市场知名度、产品质量、营销渠道、营销能力、宣传渠道、市场占有率等。

## 第二节 体育旅游市场的开发、规划与营销

### 一、体育旅游市场新产品开发步骤

#### (一)构思

对产品有一个基本的构思是新产品诞生的基础。构思一个新产品应考虑到如下几点。

(1)了解消费者的产品需求。

(2)对同类产品进行分析,发现不足及可完善的地方。

(3)综合考虑体育经营人员及其创新能力。

(4)从体育经营组织管理的层面考虑到产品优化问题。

#### (二)筛选

(1)收集必要的市场信息,然后对众多构思进行筛选,将那些与企业长远发展思路更贴合的构思筛选出来。

（2）重点选择那些更具可行性的构思。

（3）筛选要仔细考量多种因素，考量的因素越多，筛选出的构思质量越高，构思最终成形为产品的几率越大。

### （三）产品概念成形

深入研究和讨论产品构思，最终使之成为明确的概念实体。

对于产品概念的确定，更应在详尽的市场细分、性能、价格、价值等方面有所说明，特别是要对其优势做出阐释。然后再经过一系列对比分析后，确定产品概念。

### （四）产品开发分析

1. 确立市场定位

确立好一个正确的市场定位是体育旅游产品开发的关键一环。只有给予产品一个正确的市场定位，才能确保开发出来的产品的确是市场认可的，消费者所需的，有价值的产品。具体的体育旅游目标市场定位可见表5-3。

表5-3　体育旅游目标市场定位

| 专项旅游类别 | 目标市场类型 |
| --- | --- |
| 大众性体育旅游 | 国内外所有市场类型 |
| 专业性体育旅游 | 具有专业技术的国内外运动员、竞技爱好者 |
| 刺激性体育旅游 | 国内外中、青少年市场 |
| 民族性体育旅游 | 国内外所有市场类型 |

2. 根据市场细分进行产品开发

市场从来都可依据不同的条件有多种细分方式。所以，在做产品开发分析时所预期的市场应是一个细分的市场，而不是宏观的市场。就体育旅游产品来说，不同性别、不同年龄或不同阶层都有各自的需求。在产品开发时，只有具体到面向哪一类群体，才能做到产品是具有针对性的，即专门是为哪类人群提供的产品或服务。如果产品开发不是依据市场细分而来的,那开发出的产品便没有针对性,如此也就难以在市场中获得成功。具体的体育旅游产品开发设计情况可见表5-4。

表5-4 体育旅游产品开发设计

| 体育专项旅游产品 | 目标市场 | 产品开发作用 | 市场空间跨度 |
| --- | --- | --- | --- |
| 银发健身旅游产品 | 中老年人 | 养身、康复 | 国内、国际市场 |
| 健美健身旅游产品 | 妇女和青年 | 减肥、健美 | 国内市场 |
| 休闲度假健身产品 | 都市居民 | 回归自然、休闲 | 国内、国际市场 |
| 探险体育旅游产品 | 中青少年 | 超越、挑战自我 | 国内、国际市场 |
| 自助体育旅游产品 | 白领职员 | 生存训练、团队协作 | 国内、国际市场 |
| 民族体育旅游产品 | 国外游客 | 展现中华民族体育文化 | 国际市场 |
| 体育观战旅游产品 | 体育迷 | 弘扬体育竞技精神、体验激情 | 国内、国际市场 |
| 节庆体育旅游产品 | 异地居民 | 异地文化、体验 | 国内、国际市场 |
| 家庭赛事体育旅游产品 | 单个家庭 | 增进沟通、加强合作 | 国内市场 |
| 儿童竞技体育旅游产品 | 少年儿童 | 增知益智、意志培养 | 国内、国际市场 |

(五)商业分析

产品概念一经确定,就需要对其他产品资料进行细致分析。然后便以此为基础来预估产品上市后的前景,具体的前景指标有销售额和利润。如果评估认定前景良好,则可继续进行后续工作,如前景不明,则需返回到前面步骤重新打造产品,然后再进行商业分析。

(六)市场试销

将产品在小范围市场中做尝试性销售,这是在产品全面铺向市场前所做的一次检验。检验的目的在于确定产品是否真的符合消费者的需求,从而获取消费者对产品的反馈。根据反馈,再对产品进行完善。倘若试销完全失败,则需要放弃该产品。

## （七）产品上市

当产品在市场试销环节中得到良好评价后,即可准备将产品全面上市。此时需要对上市时机和营销策略做精细考量,以期使产品能在最恰当的时机切入市场,一举获得理想的市场份额。

## 二、市场营销与规划

### （一）市场营销

市场营销,是指营销人员针对市场开展经营活动、销售行为的过程。现实中任何产品的买卖都要进行一定的市场营销。市场营销行为在现代市场经济的环境中,也是一种实现供需平衡,促进各类资源流通的商业行为。

企业做好市场营销工作的目的在于销售产品。从营销活动中最能获取消费者对产品的需求信息,然后可以再根据这些需求反馈对产品进行升级改造,使其更加符合消费者的需求。如此反复,得以刺激消费者的消费行为,进而使企业从中获利。

### （二）市场营销规划

市场营销活动是由市场营销专业人员负责组织的商业行为。一个好的市场营销行为离不开前期做出的营销规划。就体育旅游产品来说,对其进行的市场营销策划要注重综合性,而不能只是看重与体育和旅游有关的内容。要兼顾多方面因素予以考量,这样做出的营销规划才更可能与市场需求适配。另外,市场营销规划中应包括实现预期目标的方法、途径,手段以及相关资源的配置。

市场营销策划会对日后开展的正式的市场营销活动起到重要影响,其意义在于如下几点。

（1）为产品乃至企业提供发展蓝图。

（2）积极实现企业战略。

（3）提高资源使用效率。

（4）有助于企业发现发展中存在的矛盾或问题。

（5）指导企业把握好市场机遇。

**三、体育旅游市场具体营销策略**

促销，是市场营销众多手段之一。这是一种使用率高、见效快的营销策略，在体育旅游市场的营销中也常使用。促销，是营销者向消费者传递产品信息，吸引和促进消费者消费欲望，以最终影响他们做出消费行为的方式。

目前，常见的体育旅游市场的促销手段有以下几种。

（一）针对目标市场促销

由于体育旅游市场目标的不同，就要求在产品设计和促销上也要以不同的方式应对。有效的促销一定是要针对某个具体的目标市场展开的，如此才能使营销变得更加有针对性，更能满足不同人群的不同需要，才能使营销效率更高，营销所投入的资源更少，效果更趋于理想。

如果是从消费者年龄这一因素入手进行分析的话，年龄的不同自然就带来了对体育旅游产品和服务不同的需求，也就逐渐形成了不同的消费市场（图5-1）。例如，休闲类、健身类和观赏类等体育旅游产品对于各个年龄段的人群都是适合的，而带有一定风险性的体育旅游产品则更适合青少年或中青年人群。

（二）利用节庆假日促销

如今，我国的法定节假日增多，也让我国大众有了更多的闲暇时间。人们热衷于利用节庆假日的时间参加一些体育旅游活动，这也为我国的"假日经济"理念作出了实践贡献。而体育旅游产品的促销就应抓住这一时机,尽量做到产品与节庆假日有机结合,大力推出对消费者有吸引力的体育旅游产品。另外,还应根据节庆假日的长短来决定促销的产品类型,这是对游客在有效时间内可达性的充分考虑。在做好节庆假日促销工作中,还不能忽视市场空间定位的问题。

节庆假日的体育旅游产品促销模式可参考图5-2。

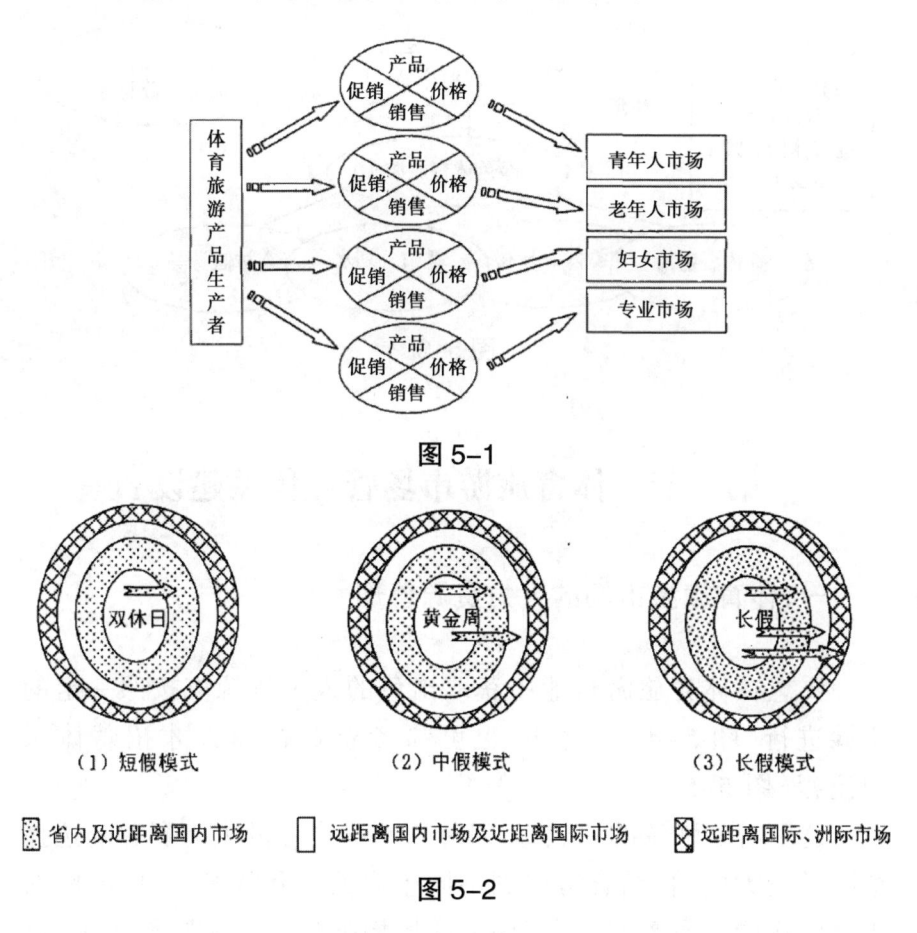

图 5-1

(1) 短假模式　　(2) 中假模式　　(3) 长假模式

省内及近距离国内市场　　远距离国内市场及近距离国际市场　　远距离国际、洲际市场

图 5-2

## (三)综合资源,组合促销

目前在市场中可利用的体育旅游资源种类越发增加,每种资源都各具特色与价值。为此,在体育旅游产品的营销中,应注意对多种体育旅游资源的整合,以便能让不同需求的消费者均能在

消费中得到满足。特别是应将度假、观光与运动这三点元素结合起来,以满足人们不同的需求(图 5-3),使其产生购买一份体育旅游产品却获得多重满足的良好感觉。事实证明,消费者往往对这类产品的好感度更高。

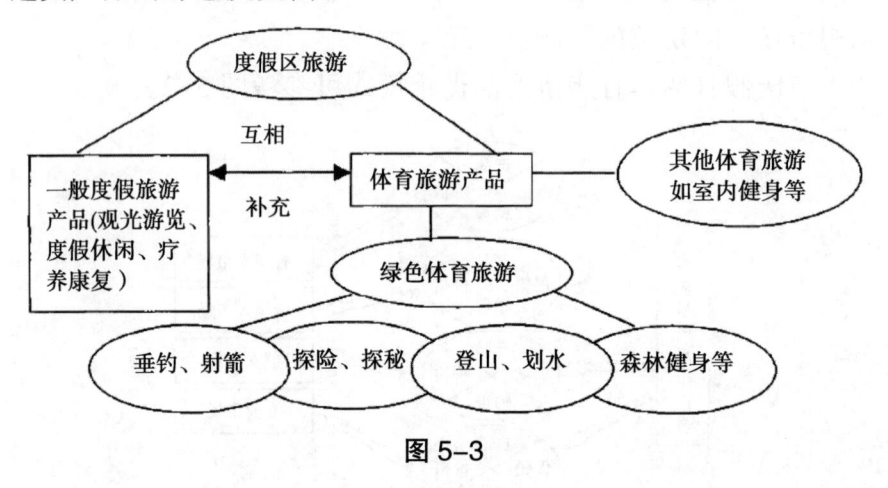

图 5-3

## 第三节 体育旅游市场管理体系建设

### 一、体育旅游市场的人力资源管理

要想在体育旅游行业中获取出色的人力资源应按照一定的步骤进行(图 5-4)。此外,也可参考企业构建人才招聘体系的流程(图 5-5)。

这里需要强调的一点是,对体育相关产业的人力资源的选择范围是较大的,再结合考虑到不同企业的实际状况,所以图中的步骤应作为一种参考,而不必完全照搬使用。在实际使用中,可根据自身情况和行业特点对其中的一些步骤予以取舍,以使其更加适合体育旅游行业的人力资源获取要求。

从整体来说,体育旅游人力资源获取的几个关键环节如下。

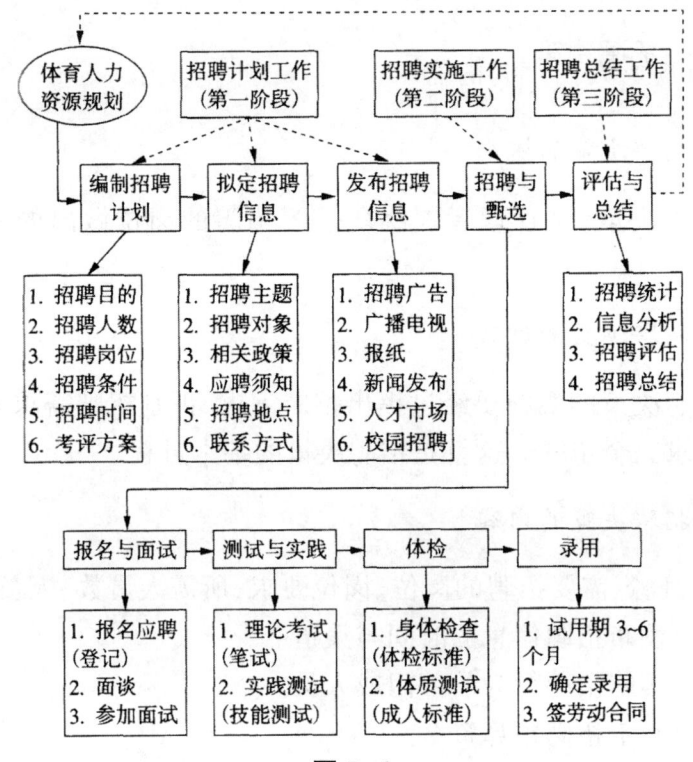

图 5-4

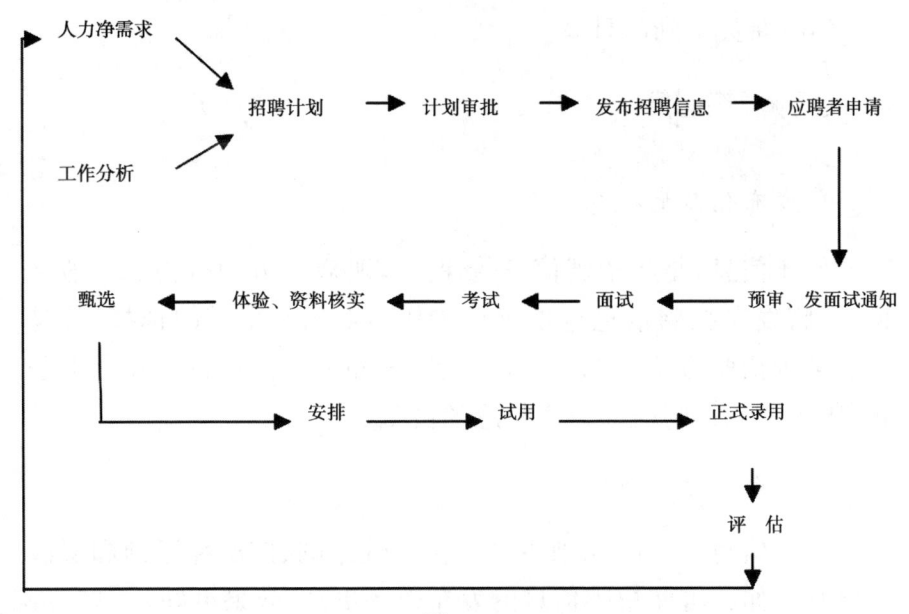

图 5-5

## （一）招聘决策

### 1. 招聘决策的概念

招聘决策，是管理者围绕所需要招聘的岗位做出的一系列决定。

### 2. 招聘决策的过程

招聘决策的实施要经过提出招聘需求、识别招聘需求和决定招聘需求三个步骤。这就是招聘决策的基本过程。

### 3. 招聘决策的内容

（1）确定需要招聘的岗位、岗位要求、所需人员数、人员职责。
（2）发布招聘信息的时间与渠道。
（3）实施招聘行为的部门或人员。
（4）确定招聘预算资金。
（5）招聘截止日。
（6）新员工到岗日。

## （二）发布信息

### 1. 发布信息的概念

发布信息，是将招聘信息传递到应聘者一方的行为。一般来说，可将发布招聘信息这项工作看作是对招聘渠道的选择，或是确定某种招聘方法。如果可以，所要发布的信息应首先在内部公布，优先考虑招聘内部较为熟悉的员工。

### 2. 发布信息的原则

招聘信息发布的原则主要为及时性原则、广泛性原则和层次性原则。如此可使招聘信息的发布效率更高、效果更好。

### 3. 发布信息的渠道

（1）传统媒体渠道发布，如报纸、广播、电视、杂志等。

（2）新型媒体渠道发布，如互联网、手机 App 等。

### （三）人员的选拔与评价

简历筛选和招聘测试是进行人员选拔和评价工作中的常用方式。

#### 1. 简历筛选

负责简历筛选工作的一般为人事部门和用人部门的人员。现代简历的形式主要有纸质版和网络电子版两种，不过不同应聘者的简历可能是按照不同的模板制作的，所以可能不能满足所有招聘方对应聘信息的需求。因此，在进行简历筛选前应提供给应聘者招聘方制作的标准化简历模板，如此可更高效地获悉应聘者的各方面信息，从而提高简历筛选工作的效率。

#### 2. 招聘测试

（1）招聘测试的概念

招聘测试，是采取考试、面试、经验评定等方式对应聘人员所具有的能力进行鉴别的活动。

（2）招聘测试的方法

在体育旅游人力资源的选拔活动中，较常使用到的招聘测试方法有笔试、面试、心理检测、情景模拟和专业技能测试等。

### （四）人事决策

#### 1. 人事决策的概念

（1）广义的概念

广义上的人事决策是与体育旅游人力资源开发与管理活动

有所联系的各项决策。

（2）狭义的概念

狭义上的人事决策则是具体的关于人事任免方面的决策。

2.人事决策的方式

通常来说，常见的人事决策方式主要有数据资料综合研究会议法和综合评价表法两种。表5-5展示的就是综合评价表法。

表5-5 体育旅游人力资源招聘中人事决策综合评价表

| 应聘人员编号 | 姓名 | | 应聘岗位 | |
|---|---|---|---|---|
| 测评维度 | 综合成绩 | | 评价 | |
| 纸笔测验 | | | | |
| 心理测试 | | | | |
| 情景模拟 | | | | |
| 面试 | | | | |
| 专业技能测验 | | | | |

## 二、体育旅游市场的安全管理

### （一）体育旅游安全预警体系

事前预警始终是做好体育旅游安全管理工作的首要任务。做好安全事故发生前的预警工作可以很大程度上降低事故发生几率，并且能提高相关人员对风险预估的能力。对体育旅游活动中安全性事件的事前预警的意义还体现在，这是最能减少风险处置经费的方式，力求将风险扼杀在来临之前。因此，就需要对体育旅游活动进行跟踪监控，对其中存在的、可能诱发事实危险的因素进行寻找和辨识，危险因素一经发现就要及时上报并予以解决，以使体育旅游活动的整个过程都能顺畅进行。

要想建立起一个完善的体育旅游安全预警体系，需要注意做好如下几点。

第一,在分析了众多实际中发生的体育旅游安全事故案例后可知,出现安全事故的体育旅游活动的占比极低,且其中大多数的事故的发生是突发性的。但即便如此,对待安全问题也不能麻痹大意,这毕竟是一个客观存在的问题。正因为事故的发生有着概率低和突发性强的特点,所以当事故来临时人们的准备往往不足,应对起来也是手忙脚乱,缺乏系统的处理方式,如此带来的后果就是造成巨大的损失,以至于对事故的善后工作依旧需要消耗人们的精力和时间。因此,体育旅游活动的组织人员、体育旅游者等均需转变思维,提高安全活动意识,真正从思想层面上重视安全活动的意义。

第二,尽管体育旅游活动中安全事故的出现总是突发性的,但许多案例都指出,多数安全事故的出现还是有征兆可循的。如果这些征兆信息能被敏锐地捕捉到,并采取恰当的处理措施,事故出现的概率也是可以被降低,甚至是消除的。由此看来,建立起一个完善的体育旅游安全信息搜集、分析、发布及通信保障机制就显得格外重要。

第三,应根据我国实情完善现有的体育旅游安全应急预案,确立更加严格的体育旅游活动安全监管人员的资格考核制度,并且定期组织安全监管人员培训,培训内容中应安排较多的应急模拟训练和联合演习等。对于安全应急预案来说,应根据实际活动中发生的变化和出现的新情况进行修改,以使之与体育旅游安全保障能力同步获得提高。

## (二)体育旅游安全政策法规体系

体育旅游政策法规规范不仅指导着体育旅游保障体系中的控制、预警和施救等行为,还为体育旅游的安全管理提供了法律依据。从本质上说,它从政策法律上对体育旅游从业者的行为进行约束与规范,由此提高相关人员的安全意识和防控意识。

现如今,我国与体育旅游相关的法律法规并不算完善,很多条款还在探索和实践中。但在实际中,体育旅游活动的类型有非常多,而现有法律法规只有针对漂流活动一个项目的,即《漂流旅游安全管理暂行办法》,除此之外的其他项目则没有相关管理办法,欠缺面可谓是较大的。因此,未来在制定体育旅游项目相关法律法规的工作上还需要加快进程。

(三)体育旅游安全救援体系

体育旅游的安全问题应是被放在首位考虑的。单就体育旅游的安全救援这项工作来说,其具有复杂和突发性强的特点,属于一项综合性的社会性工作,特别是对救援队有着较高的要求。因此,这项工作需要政府牵头指导,培养不同级别和处理不同安全问题的救援队。这一体系在发达国家中较为完备,可适当汲取相关经验,再结合我国实际,力求搭建符合我国体育旅游安全需要的救援体系。

(四)体育旅游安全保险体系

现如今,在我国热衷参加体育旅游的人数越发增多,相伴而来的就是安全事故发生率的提升,由此就引申出了一个新的问题,即体育旅游者的保险保障问题。体育旅游的性质决定了人们要来到自己不熟悉的地方,如丛林、沙漠、山间、河湖等地区。无形之中增加了旅游者遇到风险的概率。对于面对的风险,人们首先想到的就是通过购买保险来转移风险。保险是在风险事故发生后积极有效地补偿保险人的一种补偿方式。这在体育旅游产业发达的国外非常普遍,然而在我国,体育旅游保险产品尚处于初级阶段,不能很好地满足消费者的需求,所以日后需要保险公司更多针对这一产业和需求研发性价比和保障性较高的体育旅游保险产品。

(五)体育旅游教育体系

体育旅游教育所关注的是提升体育旅游参与者的安全意识。

具体来说,就是要让体育旅游者了解自己即将参加的活动有何种挑战与风险,除了要让他们对此有深刻的认识外,还应使他们正确评估自己的技能与体力,以避免在活动中做超出自己能力范围的行为,增加风险出现的概率。另外,在接受了必要的体育旅游教育后,还可使体育旅游者掌握必备的避险和自救技能。

## 第四节　体育旅游政策体系建设

政策社群的成员制度从非常稳定和严格限制到不稳定和向更多群体开放,其中差别很大。Smith(1993)主张,一个结构紧密的政策循环,包括政府机构或部门,Rhodes(1986)认为,由此导致了社群的产生。但是,体育和旅游政策社群中的领导地位却通常是模糊的。在英国,文化、传媒和体育部有望成为这一领域的政府领导部门,然而,历史上体育和旅游政策是由几个独立的、"相互制衡的"(Arms-length)政府机构制定的,这些机构分别是体育协会(在 1997 年由体育英国 Sport England 和英国体育 UK Sport 重组而成)、英国旅游者协会(English Tourist Board,ETB,1999 年更名为英国旅游局 British Tourist Authority)。1997 年,文化、传媒和体育部成立了一个旅游咨询论坛(Tourism Advisory Forum)。这一论坛由旅游产业中的重要成员组成,关注的重点是旅游发展问题,这也是成立于 1969 年的 ETB 一直想要达到的目标。旅游论坛的建立是英国旅游委员会(English Tourism Council)代替 ETB 的第一步,旅游委员会的主要任务是提供商业支持和相应建议。文化、传媒和体育部也渐渐受到体育委员会的限制,就是说,由 UK and English Sport Councils 重组而成的新体育英国(Sport England),其大部分精力都用在体育彩票的基金分配上。文化、传媒和体育部在更多的层面对体育英国(English Sport)的发展方向进行控制,因此他们变成了国家体育政策的代言人而不是倡导者。在体育和旅游政策社群中,这种情况使得政府和国家机构之间的关系变得紧张,国家机构控制着资金,在理论上来说,它们还左右着专家的意见。

在其他国家,情况就不像英国这么复杂,在"相互制衡"的原则下不会产生紧张局面。虽然在政府部门和国家机构之间存在紧张局面,但是这种局面可以由作为政府分支机构的国家机关运用其权力或者资源优势来解决。例如,在法国没有国家体育机构,体育政策直接由青年和健康部(Ministry of Youth and Finess)制定。至于旅游,虽然受到联邦政府的严格控制,法国政府仍然通过一些措施发挥作用,如:建立正常的经济计划体系(Jeffries,2001),严格控制景区、食宿部门及其分支的注册和分级(Jeffries,2001)。Loi Mouly(1992年通过的旅游管理法案)为地区性旅游政策的制定提供了一些原则。在加拿大,加拿大体育局(Sport Canada)和加拿大旅游局(Canadia Tourism Commission,CTC)都是联邦政府的分支机构,它们防止了政府和国际机构之间紧张局面的发生。澳大利亚的体制也许和英国的体制最为相似。澳大利亚体育委员会(Australian Sports Commission,ASC)和澳大利亚旅游局(Australian Tourism Commission,ATC)需要向联邦政府的分支机构负责。但是,与英国不同的是,澳大利亚体育委员会和澳大利亚旅游局必须服从政府的政策,这样就可能导致紧张的局面,而否决权由谁掌握的问题由此产生。美国是政府很少对体育和旅游实施控制的国家。在美国这个最大的自由市场中,体育和旅游的规则由市场决定。显然,这样就没有给政府机构留有空间,因此,国家旅游组织——美国旅行和旅游协会(United States Travel and Tourism Association,USTTA)在1996年就被废弃了,只留下针对私人企业的运营部门。同样,美国奥林匹克委员会(United States Olympic Committee,USOC)虽然在法律上来说应当得到政府的支持,但却从没有得到过政府的财政支持,它的赞助都是从国际奥林匹克委员会的电视合同中分得的。

Laumann 和 Knoke(1987)认为,政策社群有主要社群和次要社群之分。主要社群制定游戏规则,决定社群的主要参与者;

次要社群虽然也和政策的制定有关,但是对政策没有重要的影响。因此,从主要社群和次要社群之间的差别能够有效地检验体育和旅游政策部门结构之间的差异。在英国,虽然社群成员并不固定、不受限制,例如政策循环中的案例,但是主要和次要成员的性质并不相同。体育政策社群内有相当稳定的主要成员,包括文化、传媒、体育部、体育英国和其他国家体育协会,还有英国体育。次级成员则十分众多,包括范围广泛的相关利益群体、体育组织和俱乐部、地方政府机构。地方政府或者其所代表的机构,虽然是主要成员之一,但却被认为对国家政策的发展投入很少(Weed,1999a)。在其他国家也存在同样的情况。例如,澳大利亚的体育政策侧重于竞技体育(Green,2002),但在ASC下就有一个完整的组织群体。澳大利亚政府,ASC、澳大利亚体育研究院(Australian Institute of Sport,AIS)以及澳大利亚奥林匹克委员会(Australian Olympic Committee,AOC)共同为澳大利亚竞技体育的发展组成了一个紧密的主要成员社群。因为主办悉尼奥运会,AOC的地位有所提高。虽然澳大利亚的政府是联邦体制的政府,体育(特别是竞技体育)得到高度重视,以至于州政府不能参与管理,因而人们希望联邦政府和ASC对其进行管理(Houlihan,2002)。

在旅游政策社群中,各个成员的地位是不同的,而且也不能清晰地界定主要成员和次要成员。这主要是由旅游的商业性质所决定的。像其他国家一样,英国有一个负责旅游的政府机构,但是在英国旅游协会完成其前身ETB向商业咨询服务机构转变之前,并不存在一个核心的主要成员。在其他国家也存在同样的情况,例如前面所提到的,美国在1996年废弃了对国家旅游组织的政府资助,现在,由商业部门负责所有的海外市场营销(Jeffries,2001),其资助来自私有性质的美国旅行产业协会(Travel Industry Association of America,TIAA)。在一些国家,例如法国,公共部门在很大程度上涉足社会旅游(social tourism,意指为低收入者提供的福利性质的旅游)。然而,这并不意味着存在一个确定的机构群体,该群体是跨所有部门的主要核心成员(具体情况在世界各国的旅游部门各不相同),而旅游政策社群则倾向于需要首要成员和次要成员之间的分割。由此可知,旅游政策社群有更为突出的问题区域特性,在这个区域,其成员是不稳定的,根据讨论的不同问题,不同的成员将被纳入或排除在社群之外。这和体育政策社群形成对比,体育政策社群虽然有相当广泛的次级社群,但是首要社群的成员却是非常稳定并且受到严格限制的,与旅游部门相比,体育政策社群更多地显示了政策循环的特性。

显然,社群基本结构的差别引发了体育旅游联系的问题。在英国,旅游政策社群缺少明确的领导机构,这意味着在战略问题上缺乏与体育机构相联系的组织。虽然区域旅游委员会(Regional Tourist Boards)在次级部门的层次上可以承担领导角色,但是因其区域的特性,在国家的层面上它们不能成为政策社群的领导角色。这就导致了只有区域层次上存在一些机构的联系(Weed and Bull,1997a),但在国家层次上却缺少主动性。在法国、加拿大、美国、澳大利亚等联邦制国家,人们希望进一步关注区域层次的问题。正如上面所讨论的,在澳大利亚,人们希望联邦政府领导竞技体育,但是对于休闲体育,则希望有一个自由的空间。更进一步地说,许多国家都有法定的政府特殊部门来处理旅游问题。这意味着,区域层次最有可能产生有效的体育旅游伙伴关系。但是"有影响力的"大型赛事却是例外,因其涉及赛事的经济影响最大化战略,悉尼奥运会就是一个典型的案例。这里联邦政府承担了国家角色的领导职责。

许多国家的体育和旅游政策社群都需要面对一个重要的问题,即与其他政策区域(policy areas)的独立可以达到什么程度。Houlihan(1991)强调,在英国,体育政策社群没有能力使它自己从其他更有权力的政策领域独立出来。20世纪80年代初的足球暴力就是一个案例。在这个案例中,体育政策社群被法律和其他政策社群所忽视。另外一个案例是,在城市中心区政策方面,英国以及其他很多国家经常忽视体育政策社群。前面提到,在美国,虽然强调"城市营销",但是人们仍然担心其动机究竟是以体育利益为目的,还是以市场为目的。然而,在美国许多以市场为导向的州中,这两者之间是没有差别的。

说到那些对旅游政策社群的研究工作构成影响的原因,就不能不提到城市中心区优势的变化这点。英国以通过复兴城市专项财政预算的方式为城市重建带来了可能,以此为基础,政府展开了一系列竞标活动,这些活动为区域旅游委员会(Regional Tourist Boards)提供了数量可观的各种形式的资助。这些资助所换来的,是丰富了引导区域旅游委员会的活动,促进了社区经济和重建,从而向城市复兴的战略理念前行。不过在实际当中,追求复兴并不只有城市,如法国朗格多克—鲁西雍(Languedoc Roussillon)地区的复兴计划的关注点就落在了从蒙比利埃(Montpellier)南部到西班牙边界的这180千米的沿海地区。该计划起始于1963年,时至今日,这项计划的确取得了不小的成就。还是法国,其重视社会旅游的态度也体现在了这项计划中,其目的在于为法国人民提供更多的休闲娱乐方式(Ferras, Picheral and Vielzeuf,1979)。众多的案例都说明了体育和旅游政策社群是不能独立于其他更强势的社群的,这样就彰显出了问题区域的特性。之所以出现这种问题,原因在于体育和旅游的政治意识形态总难免与其他领域的政策关联,终归不能脱离其他领域而单独存在并运转。如果总是需要从其他政策领域中衍生出新的政策,那么就注定难以做出完备的长期战略规划,这是体育和旅游的政治目标总是期待在中短期就能见到效益的原因。这样一来,体育和旅游所关注的专业目标和对象就总是会因对政治的考虑而被搁置,如此使得两者之间的关系难以协同。

资源,是决定政策社群之间形成一种彼此依赖关系的原因。在现实中,资源有很多种形式,如信息资源、物质资源、经济资源和法律资源等等。在政策循环的过程中,相互之间的依赖情况非常之多,不仅如此,其中组织间的关系也会随着市场有所改变。

如果是在显得更加松散的持续问题区域内,还会存在着一个从相互转换为传播者或咨询者的角色变化。前文中已经论述过一个问题,就是旅游机构会为了获得政府的投入而放弃独立的规划。在某个范畴内,上述情况存在于英国的体育政策社群中。英国著名的"体育英国"为了能分配到彩票基金,宁可以自身的独立性作为交换条件。从这一事例就可看出,体育政策社群的相互依赖要高于旅游部门。

在商业部门之间,旅游政策社群中存在着复杂的资源依赖形式。相比于商业部门和半公共部门,政府会为了保有更多的经济资源而保留自身在事务处理中的绝对优势地位。如此就使得政府总能对他们认为对自身有利的领域施加影响,以将这些潜在的有利因素转化为实打实的利益。但是,旅游社群成员的广泛性和非限定性等特点决定了他们对某些资源的依赖除了政府以外的其他单位是绝对无法提供的。

再来看体育政策社群,它也是趋向于拥有一系列资源关系,且这种关系是社群所依赖的。在首要社群中,来自政府的资源关系也是最为重要的。在英国,这种关系促使"体育英国"承担文化、传媒和体育部的领导地位。但通常情况下,英国政府并不想看到"体育英国"所做出的决策具有完全的体育政策的特点,为此,"体育英国"的成员就必须努力将一些政策性文件转化为可实施的具体细节,以确保这些机构考虑了体育政策社群的主要核心。另一方面,他们还与次级社群之间存在着紧密的联系,这些次级社群是与"体育英国"的支持和体育彩票基金相互独立的。这样一来,次级社群便失去了在一些事物上的决定权,为此他们就必须接受一般性政策对他们提出的管理、条款和条件。

这里要说明一点的是,在总结体育和旅游政策社群的本质和特点时,可以认为问题区域中的一些特点的显现缘由是受到了旅游政策社群特点的影响。在这两大政策社群中,其成员普遍具有广泛性和不稳定性,其中也没有特别严格的领导关系,彼此间也没有非你不可的依赖程度。政府在其中总是擅长以资源调配者的姿态来维持自身的特权地位,但归根结底他们也不能真的脱离其他政策部门而存在,况且政府中的成员更倾向关注经济领域的事情。就体育政策社群来说,尽管不能认为他们也属于这类情况,但他们与其他政策部门之间也并不是完全脱离的,这就彰显出了政策循环的特点,相比于旅游政策社群,体育政策社群的这一特点无疑是更加突出的。

再从总体上看,尽管体育政策社群和旅游政策社群对于那些想要对它们施加影响的政策部门难以展现出足够的抵抗力,但至少在休闲政策领域中还是能界定自己的工作范畴的。实际当中,也只有在休闲领域内,两个政策社群才能获得更纯粹一些的独立性。所以,如果从政治的角度上来评判,体育和旅游这两个政策部门实际上哪个的重要性都没有超过对方。也许由于与政策循环的特点一致,与旅游社群排除体育利益相比,体育政策社群对旅游事务的排除还会更彻底一些。特别是当他们更倾向于关注自身在休闲政策领域内的职责,而不是更关注寻找彼此间的联系时,就更容易给这些社群形成体育旅游政策网络的程度以影响。

## 第五节　典型体育旅游市场的开发与管理

### 一、山地户外体育旅游市场的发展

#### (一)建立山地户外体育旅游标准体系

山地户外体育旅游产品的开发,应将开发活动和经营行为视为同等重要的两个方面,并且应提供有可供企业后续经营参考的管理标准,据此再最终确定企业管理的实用标准。现如今,利用山地资源开展的户外体育旅游活动普遍受到人们的青睐,人们非常热衷前往拥有优质山地资源的地区参加相关体育旅游活动。活动过程中人们还越发关注自身的生命财产安全问题,以及是否能获得满意的服务质量。在这种情况下,一些附有权威评价的标准可以帮助他们确定到底参加哪个山地户外旅游基地提供的旅游产品或服务。

从整体上看,包括山地旅游在内的户外体育旅游标准体系是一个非常庞大且复杂的系统。具体可如图5-6所示。

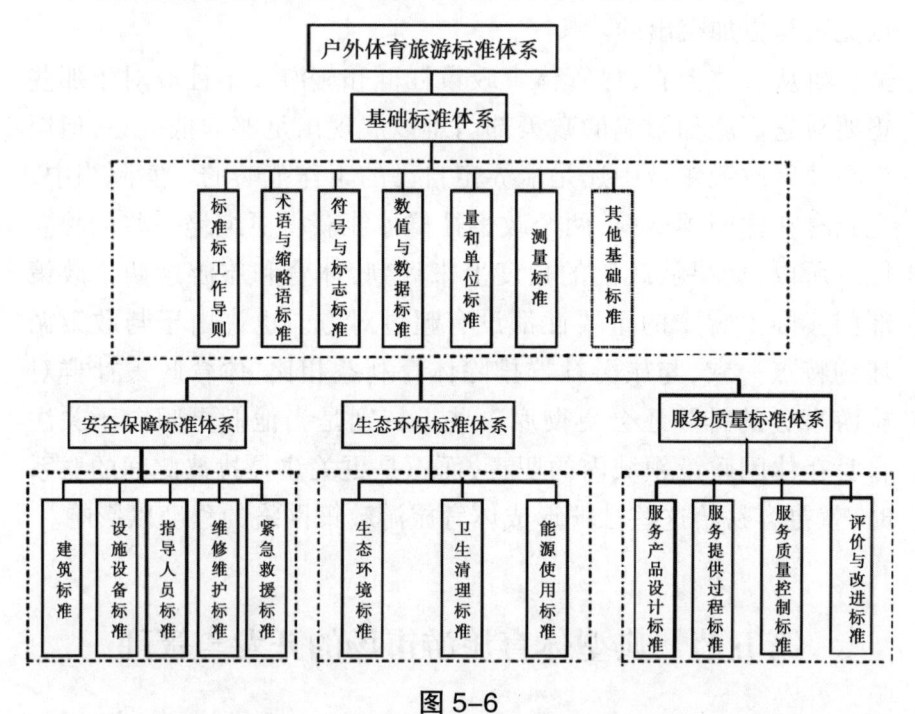

图 5-6

户外体育旅游标准体系中的第一层是基础标准体系,其下含的七大方面即为体系的第二层。这七大方面标准之于整个体系来说构成了其框架,在此框架下的第三层包含了安全保障、生态环保和服务质量三个标准体系,每个标准体系还可再度细分。不同的体育旅游企业可根据自身情况和经营特色,并参考图中体系结构确定自身的细化标准。

具体到山地户外体育旅游活动来说,大多需要在山地区域内建立起一个大本营,这个营地的建设标准即可按照安全保障标准体系中的建筑标准执行,其他相关设施设备的标准可参照设备设施标准执行。如活动需要在专业人员的指导下进行,则指导人员也应按照指导人员标准中的要求来安排,如配备足够数量的指导人员、指导人员应具备的行业资格等。

## (二)开发山地户外网站运作模式

现如今,我国已经有越来越多的以户外体育旅游及其周边内容为主题的网站建立起来。这些网站是体育旅游爱好者汇聚的地方,网站中一般会常设与户外体育旅游相关的新闻、论坛、问答、知识介绍等板块。不仅如此,网站还经常为广大"驴友"网罗优质户外旅游资源,组织各种规格的户外体育旅游活动,为包括山地户外驴友爱好者提供了更多活动选择。另外,在户外体育旅游活动开展得越发火热的今天,一系列以汇集优质户外旅游用品信息的网站也应运而生。这类网站网罗了当下知名户外用品品牌,为相关品牌的新产品做推广,甚至其中还有对不同品牌同类产品所做的产品评测等文章或视频。

由此可见,开发山地户外网站运作模式是拓展活动影响力的绝佳方式,其所具有的独特运作模式可如图5-7所示。

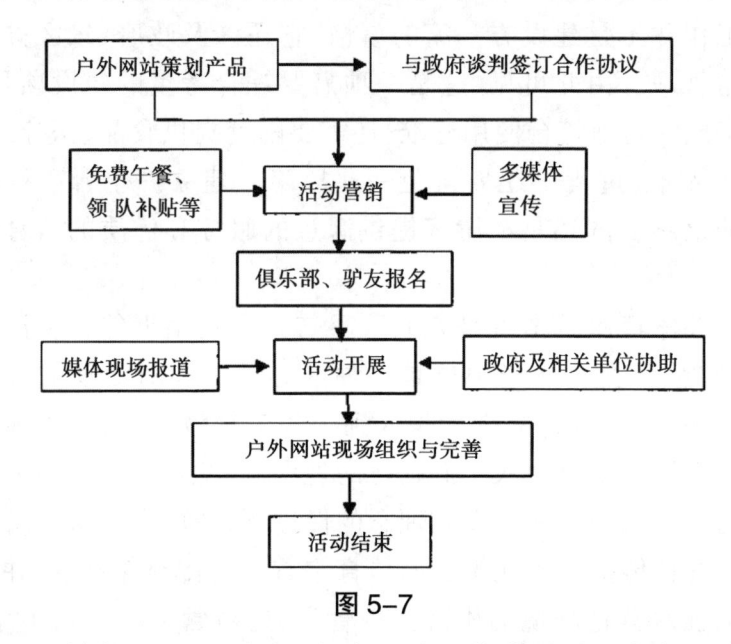

图 5-7

通过结构图可以看出,在该网站运作模式中,政府不再像过去那样承担着裁判员的职责,而是以一个辅助者的角色做好自己的协助工作,并为促进山地户外体育旅游市场的发展做好协调各方关系和资源调配等工作。其余各方在发挥了各自的功能后,便可以为户外旅游爱好者搭建起一个广阔的活动平台,而活动的组织方或服务的提供方也可以从中收获足够的经济利益。

### (三)加强对营地的规划和管理

人们参加山地户外旅游活动时大多需要在户外宿营。宿营活动能够给旅游者带来更为贴近大自然的感觉,但这种感觉是否良好还需要有一个标准化的宿营地作保障。一个质量较高的,按照相关标准建立的宿营地才能给旅游者带来整洁、宁静的宿营环境,只有这样才能让旅游者感到满足。为此,建立起一个优质的宿营地,并对其进行严格的管理,无疑是为山地户外体育旅游活动提供的一个无比重要的硬件基础。

目前,我国体育旅游市场中在营地的规划和建设上还处于发展的初期阶段,其中在很多标准方面尚没有完全确定。要知道,这项工作并不是建设方一家的事情,它还涉及政府、景区方面的规划与管理。由此可见,这是一项需要综合考量的建设项目,为了使建成的营地符合使用标准,还需要配套提供食品、医疗、交通等供给体系,过程中还要避免一些风险。建立一个合乎标准的营地的最终目的还是给游客提供满意的服务和优质的体育旅游体验。

户外体育旅游本就是人们追求与大自然贴近的一种活动形式,能够宿营在自然当中也是一种内心需求和对活动的较大期待。现如今,低碳行的理念深入到了各个领域之中,在山地户外体育旅游活动中也融入了低碳行的理念,因此也成为了户外旅游活动的重要特征之一。在此理念的促进下,政府和体育旅游企业可利用各种传播手段或渠道向体育旅游者宣传环保理念,并督促景区加强对营地环境的生态保护管理,这对营造起一个干净、整洁、环保、绿色的营地环境也是有很大帮助的。

（四）收集旅游者的反馈信息

随着体验经济的理念逐渐传播开来，使得人们在选择体育旅游产品时又增添了新的方法，即体验式消费。体验式消费理念使旅游者越来越重视自身在活动中的实际体验，他们中的许多人会在一段旅行结束后对活动作出评价和反馈，如写游记或对旅游产品的情况进行点评等。从中我们可以发现，由于旅游者的价值观不同，对一项活动所获得的感受也就不同。体育旅游企业应注意收集这些来自消费者的反馈信息，以此作为日后调整管理策略和完善产品的依据，力求不断增加旅游者对旅游产品的满意度，使产品在市场中愈发具有竞争力。

## 二、滨海体育旅游市场的发展

（一）明确滨海体育旅游市场的指导思想

1. 坚持以人为本

依托于滨海自然资源而开展的滨海体育旅游活动集合了休闲、娱乐、体育要素于一体。要想将滨海体育旅游市场打造得更加红火，除了高效开发滨海自然资源外，还需要以坚持"以人为本"的思想为指导。实际上，"以人为本"的思想与热衷于参加滨海体育旅游活动的旅游者的愉悦身心、修身养性等需求是非常吻合的。滨海体育旅游开发方也要在这一思想的指导下开发好滨海旅游项目所需的软硬件，合理设置体育旅游项目，以此切实培育好滨海体育旅游的市场。

2. 坚持本土化

滨海体育旅游市场的开发应注重坚持本土化。我国的东部地区拥有较长的海岸线，是一个滨海自然资源相对丰富的国家。

另外,我国幅员辽阔的特点也决定了南北部有较大的文化差异,东西部有较大的经济发展差异。为此,我国滨海体育旅游市场的开发就应根据我国的地域和文化特点,并结合当地滨海资源,创造具有本土化特色的体育旅游项目。这也是增加我国滨海体育旅游项目吸引力和影响力的重要思路。

3. 坚持可持续发展

可持续发展的理念在如今我国的各领域事业发展中都是较为强调并坚持的,这一理念在滨海体育旅游资源市场的开发中也应坚持。要做到坚持可持续发展,就需要在滨海资源的开发过程中做到对资源的高效利用,边开发边保护。滨海资源是滨海体育旅游活动持续发展下去的根本,只要资源不枯竭,这个市场就能保持一定的繁荣。不过对于目前我国滨海体育市场所处于的发展初期现状来看,更多开发商追求的是短期回报,表现出对资源开发的无序和掠夺式开发的行为,这完全违背了坚持可持续发展的理念。为了转变这一现状,政府应主导资源开发活动,并将滨海体育旅游纳入旅游产业的整体规划中,以此实现对相关资源的有序、合理地开发,最终建立起一个符合我国滨海地区地方特色的、可持续发展的滨海体育旅游发展模式。

(二)培养滨海体育旅游的理念

如今,我国的滨海体育旅游业正处于刚刚起步不久的阶段,一系列内容、模式、结构还较为简单。参与滨海体育旅游的客源分布在各个省份,其中不乏大量居于内陆地区,对滨海地区较为陌生的游客。这就使得游客对滨海体育旅游活动的体验感如何直接决定了这一产业的发展走向。

还有一个不容忽视的方面就是,要注重培养大众参与滨海体育旅游活动的意识及转变他们享受休闲假日的方式,鼓励他们来到户外,来到滨海地区,参与在这里举办的各项体育旅游活动。因此,同时做好滨海体育旅游活动的宣传工作也是培养大众参与意识的重要一环。

### (三)坚持协调发展

在众多围绕海洋资源衍生出的产业中,滨海旅游业无疑是最具投入性价比的一项。

然而,良好的滨海经济发展离不开对滨海资源的保护。近些年来,我国曾出现过一些近海海域水质遭受污染的严重环境问题,其污染主要为工业污水、农药污染等陆源污染,这类污染的占比高达80%。正是这些污染导致近海海水质量逐年下降。海洋污染给人们带来的负面影响绝非危言耸听,也绝非离我们的日常生活很远,它的严重性关乎人类的发展。经济的发展,特别是工业的发展总难免带来一些发展的负面产物,但如果能协调经济发展和环境保护这两者的关系,才能够受益长远。

## 第六节 区域体育旅游市场的开发与管理

### 一、东北地区体育旅游市场开发与发展的策略

借助区域优势,可确立冰雪项目在东北地区体育旅游市场开发中的主导地位,这是区域优势自然资源所决定的。因此,在东北地区进行体育旅游市场开发应充分利用冰雪资源,并以此为契机带动其他产业一同发展,从而从根本上改变东北地区体育旅游模式陈旧、难以适应现代体育旅游发展趋势的不利局面。因此,东北地区体育旅游市场的开发与发展应遵循如下策略。

#### (一)发挥优势资源,挖掘特色旅游项目

优势资源的挖掘与利用是振兴东北体育旅游产业的关键。东北地区除了有着丰富的冰雪资源外,还有着众多少数民族文化资源,这也是东北地区体育旅游业发展中的一项不应被忽视的重

要资源。当地的少数民族也经常会开展一些极具民族特色的、与冰雪有关的传统体育运动项目,如果能对这些项目予以挖掘,无疑是将冰雪资源与少数民族文化资源有机结合的典范,从而更加彰显东北地区的独特魅力。

但归根结底来说,冰雪资源仍旧是东北地区体育旅游产业的优势资源,对其进行深度挖掘,将其作为发展地区体育旅游的主阵地是非常正确的思路。

### (二)打造国内知名的生态旅游品牌

东北地区内多样的地理环境注定会成为该地区打造优质生态旅游品牌的优势。东北地区地貌多样,有平原、森林、湿地等,这些都是可供体育旅游发展的优势资源,是重要的发展物质基础。因此,应充分且高效地对这些资源进行开发,特别是要注重打造具有一定影响力的生态旅游品牌,以期提升对广大体育旅游爱好者的吸引力。现如今,东北地区已经建成了一些生态避暑度假胜地,较为知名的有长白山、林海雪原、北国鹤翔、五大连池等生态旅游目的地。众多知名生态旅游品牌不论是在国内还是国外,都是东北地区体育旅游产业的金字招牌。

### (三)体育旅游与民间旅游优势互补,共同发展

除了借助于冰雪自然资源而发展起来的体育旅游产业之外,东北地区的民间旅游项目在近年也逐渐热门了起来,其背后也蕴藏着可观的经济价值。在这种情况下,若能将民间旅游项目与体育旅游项目进行关联,使两者构成一种相互促进、相互影响和相互带动的关系,则无疑更能给东北地区的旅游产业结构的重新调配带来积极帮助。

### (四)保障旅游服务质量,加强人才培养

人们在所参与的旅游活动中,很大部分是在享受旅游过程中

的各项服务,这些服务是旅游者最能直观感受到旅游产品质量的关键点。对于体育旅游服务来说,它不同于其他的服务形式,具有一定的专业性,需要有资质的专业人员提供。为此,就需要地区旅游产业管理部门对旅游活动中的各项服务规范和行业标准做出统一规划,并建立健全旅游服务质量监管体系和评估体系。

同时,要加强对体育旅游服务人员的专业化培养。这方面可以借助当地高校优势,开办体育旅游相关专业,培养一大批可为体育旅游提供专业服务的人才。为了使专业设置更加具有实用性,可探寻"校企联合"的人才培养模式,将学生输送到体育旅游企业中,更多地参加实践活动,积累经验,以期使学生更快、更细了解体育旅游服务中的工作细节,从而提升自身专业水平。在体制方面,要不断完善体育旅游专业服务人员的资质认证工作,要求所有从业人员持证上岗。

## 二、环渤海地区体育旅游市场开发与发展的策略

### (一)合理进行规划,综合协调发展

环渤海地区省份众多,要想顺利开发体育旅游市场应对有关省份的实际情况做综合考量,考量的重点内容有人口、资源、环境、文化、经济等。其中,特别要对与体育旅游市场开发关联度较高的生态环境和社会环境做出客观、准确的评估,以确保利用的资源确实能承载体育旅游市场的开发活动。在这种情况下,为了能综合考量环渤海体育旅游资源的开发,具体到细节的决策都应有政府部门的指导意见和统筹规划,并做好风险预测及相应的应对方案。这样做的最大意义在于能综合协调好资源开发与当地社会发展的关系,以及协调好近期利益与长远利益、开发与保护等多重关系,确保所打造的区域体育旅游产业获得可持续地发展。

## (二)开发与保护并重,优化利用相关资源

选择正确的开发方式决定了环渤海体育旅游带在开发过程中各项行为的科学性、高效性和合理性。为此,首先就应细致考察环渤海地区每个省份的自然资源与社会环境,对其中的资源进行分类。如果要开发的资源较为丰富,则可以重点开发,但即便如此,也应注意资源的高效利用,避免浪费。对本就有限的、不可再生的资源进行开发,则应本着少开发或不开发的原则进行,这是对这类资源的一种最好的保护。在体育旅游市场开发时,还要注重对自然环境和人文景观的保护。只有做到上述几点,才能使对环渤海体育旅游带的开发更加科学合理,才能使资源得到高效利用,才能使该地区未来的体育旅游市场前景可期。[1]

## (三)通过法律和经济手段,公平分配旅游收益

为更好地调动环渤海体育旅游带的发展,政府首先应给予一定的政策支持,调动起相关省份民众参与体育旅游产业发展和保护环境资源的热情,只有民众被发动起来,产业发展才能说是获得了源源不绝的动力。其次,市场机制的有效利用也是开发体育旅游市场的关键,如此能以充分面向市场的态度,用优质产品说话,实现对国内外体育旅游爱好者的吸引。

当体育旅游市场发展良好,出现盈利之后,应以各方在前期的投入或付出比例为基础进行合理分配,并将其中一定比例的收益拿出来作为保护自然资源的专项资金。如收益分配过程中遇到矛盾和问题,应首先考虑友好协商,协商不成,则应通过法律或经济手段解决,最终的目的还是为了各方的利益能够得到维护。

---

[1] 闫立亮,李琳琳.环渤海体育旅游带的构建与大型体育赛事互动的研究[M].济南:山东人民出版社,2010.

## 三、西部地区体育旅游市场开发与发展的策略

### (一)转变思想观念,提高相关认识

为了更好地推动我国西部地区体育旅游市场的开发与发展,第一着眼点就是对发展思想的转变,提高对体育旅游资源和相关市场的认识程度。这种对思想观念的转变与认识的提高需要从以下两个方面入手。

第一,加强对体育旅游市场开发的重视程度。由于我国西部地区历来属于经济欠发达地区,各方面产业相对落后,人们的视野较欠缺,支持他们事业拓展的物质基础匮乏,这就使得决策者对体育旅游市场的认识浅薄,觉得体育只是一项民间娱乐活动,对西部地区特色的民族传统体育运动更没有足够重视,认为这种传统的事物不会被人们认可,没有开发价值。由此看来,要想提高西部体育旅游市场的开发与发展水平,在转变思想观念的层面上首先就是要加强重视。

第二,加强对体育旅游市场的专业化研究。体育旅游是旅游业中的一个组成部分,现如今体育旅游业的行业前景非常广阔,但目前发现并认可这个前景的相关专家与学者并不多,相应的以此类内容为课题的研究也就较少,进而也就不能引起决策者的重视。

就此来看,西部地区各级政府部门的决策者只有尝试转变思想观念,给予体育旅游产业以新的认识,切实了解到其中的发展前景和价值,才能充分结合地区资源优势,为体育旅游产业的发展创造有利条件。

### (二)加大普查力度,保护相关资源

西部地区历来是我国自然资源和人文文化的宝库,拥有极具特色的民族风情。因此,相关部门务必要做好对这些宝贵资源的

普查工作,对这些资源做到心中有数,进而为资源保护工作以及西部体育旅游市场的开发打好基础。

国家旅游局发布《中国旅游资源普查规划》中要求西部地区相关部门应集中人力、物力、财力,对管辖区内的体育旅游资源进行全力搜集与整理,力求准确、完整地反映体育旅游资源的情况,并编制资源名录,撰写调查报告,如此有助于深入认识地区体育旅游发展的多方面优势,在对资源进行开发的同时做好资源保护工作,做到科学开发和绿色开发。

### (三)突出区域优势与特色

就目前东、西部体育旅游业的对比来看,西部体育旅游业无论从产业规模、经济效益、资源利用率和水平上,还是从开发出的产品的竞争力和质量上都与东部地区有着不小的差距。差距产生的原因归根结底,还是西部地区的体育旅游市场开发没有注重对区域优势和特色的突出,使得所开发出的产品与其他地区风格趋同,创新性不足。

在已经开展并取得一些成绩的西部体育旅游业中,跨地区的区域联合产品创新是主要的创新之路,但仅凭这点还远远不够,还应该探寻一条自主开发适宜产品的创新之路。西部体育旅游资源的特点决定了对它的开发务必要选择适宜的技术,确保被开发出来的资源依旧保持西部的原生态特色,且在开发的同时还对资源有必要的保护。由此可见,运用现代技术开发体育旅游资源的必要性,这是创新体育旅游产品的保证。

### (四)加强基础设施建设,完善配套服务

旅游业是否能得到发展,其关键就在于是否能给游客提供良好的游览体验,这种体验来自于身体、心理和情感三方面。基于此,就决定了体育旅游产品的特殊性。为了使体育旅游产品能够给予人们好的体验,就需要从完善的基础设施建设入手,这也是提升一个地区体育旅游市场竞争力的重要方式。搞好体育旅游

基础设施建设的具体方式主要应做好如下两点。

（1）充分利用现有的民族传统体育设施或一切有需要的体育场馆来承办各种体育赛事或活动，这是一种见效较快的吸引游客的方式。还有一点不能忽视的，就是做好观众的配套服务工作，如提供顺畅的交通、丰富的饮食选择以及舒适的住宿。

（2）对游客的各方面需求予以足够的重视，使他们在消费体育旅游产品后切实感到身心愉悦和满足。为此，就需要重视对复合型体育旅游管理人才的培养，以此力争以更加专业的方式向游客传授科学的运动健身方法。

（五）扩大市场发展空间，推动产业化进程

西部地区无疑拥有非常丰富的体育旅游资源和巨大的体育旅游业发展空间，但西部地区体育旅游业的发展还依赖于高水平的市场开拓，其重点为能否从更深层次上挖掘体育旅游产品的内涵与深度，这才是对体育旅游消费者的核心吸引力。

我国长江与黄河的发源地都在西部地区，西部地区从古到今都拥有灿烂的文化，耳熟能详的有秦兵马俑、敦煌莫高窟、乐山大佛、丽江古城等。还拥有鬼斧神工的如丹霞地貌、雪域冰川、黄土高坡等自然景观。当然还有数量众多、形式多样的民族传统体育运动项目。坐拥如此丰富的文化资源之上，就要借助资源优势拓展市场空间，满足各种市场需求，开发出优质体育旅游产品，同时支持与体育旅游紧密相关的周边产业的发展，如此才能推动体育旅游的产业化进程。

（六）将体育旅游项目与整个旅游业融合起来

开发体育旅游市场应尝试将其与地区其他旅游市场相融合，在借助整体力量的优势后能更好地带动体育旅游这一局部市场的发展。要想实现这种融合，工作中应尽量做到如下三点。

（1）西部地区旅游产业的具体开展方式主要为各省或自治区的旅游环线。基于此，要想顺利融合体育旅游与整个旅游产业，就需要将体育旅游的项目配置、景区经营纳入西部各省区旅游规划之中。这就要求在具体的工作开展过程中要努力挖掘多样化的体育旅游资源,在项目研究时要格外关注项目选址及可行性,项目正式开建时各方面工作要符合规范,并及时发布项目活动的相关信息。只有这样,才能真正做到体育旅游与西部旅游业的项目整合,实现西部体育旅游市场的良好发展。

(2)体育旅游景区所提供的产品要做到多样化。我国的西部地区拥有着非常丰富的文化资源,为此,就应协调多种资源使之获得共生,以支持体育旅游产业的发展。

(3)力求以建立规范的体育旅游市场统计标准和规划体育旅游专业化配套目标检查等方式,从宏观上对整体进行调控,如此可以更好地避免由于部分的独立性导致的难以借助整体力量的不足。另外,在对西部地区各省或自治区的体育旅游市场发展进行规划时,对于发展目标的确定不应太过要求统一,而是要根据地区情况做出一些差异性改变。

# 第六章 我国体育旅游产业的集群化发展与竞争力提升的策略

伴随着全球一体化的进行,世界上各个国家及地区之间的联系日益紧密,在这样的背景下加强各个地区以及各行业之间的沟通与发展就显得势在必行。目前,集群化发展已成为各行业发展的大势所趋,对于体育旅游产业也是如此。以一定的产业集群理论为指导,努力促进我国体育旅游产业的集群化发展,不断提升我国体育旅游产业的竞争力是当前值得我们深入探讨的问题。

## 第一节 体育旅游产业集群理论

### 一、分工理论

产业集群可以说是一种产业组织形态,其形成和发展具有一定的理论基础和渊源。产业集群的核心在于分工与协作,通过各产业部门之间的分工与协作,能极大地提升产品生产的效率,各方实现共赢的目的。如今产业集群理论在各行业部门都得到了广泛的利用,在体育产业发展的过程中,这一理论也得到了一定程度的利用。

产业集群理论的内容非常丰富,经过一段时期的发展,已形成了一个比较完善的理论体系,亚当·斯密的分工理论就是这一理论体系的重要内容。亚当·斯密曾经指出,经济水平如何对于一个国家及社会的发展具有非常重要的意义,经济发展的主要表现是生产效率的提升,只有生产效率得到提升了,社会经济才有可能获得发展。而要想实现生产效率提升的目标,各类企业必须要求同存异,克服各种困难,加强彼此间的交流与合作,在合作中获得理想的经济效益或社会效益。可以说,分工理论为产业集群中主体即企业组织优化分工协作体系作出了理论上的阐释,为体育旅游产业的协同发展的研究奠定了良好的科学理论基础。

## 二、增长极理论

在现代区域经济学的发展中,增长极理论可谓起到了至关重要的作用。1950年,法国经济学家佩鲁提出了增长极理论,之后布代维尔、弗里德曼等专家又进一步丰富与完善了这一理论体系。

增长极理论认为,区域经济是由从事某项经济活动的若干企业或联系紧密的某几项经济活动集中于同一区位而产生的。某一专业化生产的多个生产部门集中在某一区域,可以形成较大的原材料等生产资料的市场需求和所生产产品的市场供给,在这一过程中可以产生出规模经济以及外部经济,同时也产生出乘数效应、极化效应、扩散效应。依据增长极理论,由于产业集群本身就具有多重经济效应,它可以作为区域经济发展的极核。因此政府相关部门可以采取自上而下的方式来促进产业集群的产生。体育产业集群正是在这一理论背景下产生与发展的,而体育旅游产业作为其中的重要组成部分也获得了相应的发展。

## 三、新空间经济理论

新空间经济理论认为,因为某些偶然的因素会导致社会上出现区域专业化生产的现象,在产生这一生产形式后,随着社会的不断发展,该产业规模不断扩大,同时会产生较大的规模效益,从而形成外部规模经济作用下的一种自强化效应,并形成路径依赖,导致产业集群的形成与发展。这就是新空间经济理论。这一理论是体育旅游产业集群理论的重要基础。

### 四、外部经济理论

阿尔弗雷德·马歇尔提出了著名的外部经济理论。他通过多年来对产业经济的研究,指出产业集群主要是由市场机制的资源配置作用而自发组织形成,市场机制的资源配置作用将会促使产业集群内的企业共同享有产业集群区域范围内的专门化劳动力市场、专业化生产投入品、生产所需的技术与服务以及生产技术知识溢出,从而形成外部经济。在这样的情况下,既提升了集聚在产业集群内的企业生产函数,又使之优于单独存在的企业的生产函数。

但需要注意的是,集聚也会在一定程度上对体育产业的发展产生一定的负面影响,如激烈的竞争会导致企业的生产成本上升、企业之间的过度竞争则会影响产品的利润率等。由此可见,产业集群所产生的外部经济与外部非经济往往是相伴出现的,外部非经济表现出明显的负面作用,极易导致产业集群的分裂,因此一定要做好外部经济与外部非经济之间的均衡发展。

### 五、集聚经济理论

集聚经济理论是产业集群理论发展的重要基础,正是在这一理论的推动下,体育产业集群理论才得以快速发展。集聚经济理论对于体育旅游产业的发展具有重要的意义,在这一理论的引导下,体育旅游企业会引进专业化的技术设备,加强专业技能劳动力市场的建设,不断节省体育企业运营成本,这就促使了体育产业集群的产生与发展。

集聚经济理论的出现对于区域经济以及产业集群的建立与发展具有重要的意义。在体育旅游产业发展的过程中要以这一理论为基础,加强不同区域以及不同行业之间的关联,形成一个良好的体育旅游产业集群,集群内的各个体育旅游企业获得共同发展。

## 六、新竞争优势理论

迈克尔·波特通过构建产业发展的"钻石模型",提出了获得产业竞争优势的四个要素,这四个要素分别是生产环境、市场需求及相关产业、产业集群的战略与结构、竞争对手。另外,还重点分析了促进企业竞争力提升的两个变量因素,即政府和机会,深入研究了一个产业集群建立和形成的基础条件。以上种种要素相互影响、相互作用,从而产生推动产业集群发展的动力,在这样的情况下就产生了一定的产业集群。

后来,波特对新竞争优势理论做了进一步的研究与说明,丰富与完善了新竞争优势理论的内容。随着时间的变化,这一理论体系更加完善,它也成为体育旅游产业集群发展的重要理论基础。

## 七、社会网络理论

社会网络理论是在20世纪90年代兴起与发展的,这一理论主要由经济活动的社会嵌入理论、社会资本理论等分支理论构成。根据这一理论,社会各企业在进行交流与合作的过程中,受地域文化、社会资本等方面的影响,容易构建一个非正式契约的信任与合作关系,在这样的情况下,产业集群得以产生与发展。

大量的研究与事实表明,社会网络理论符合产业集群发展的内在规律,对中小企业集群的形成和发展具有重要的作用。例如,我国学者周五七(2010)曾经指出,中国很多的民营中小企业集群都是以家族血缘关系为基础而建立起来的,其发展主要是通过信任与合作机制进行。社会网络理论也是体育旅游产业集群形成与发展的重要理论基础。

## 第二节 体育旅游产业集群的构建

伴随着全球一体化以及区域经济一体化的进行,各个行业之间的沟通与交流也日益紧密,对于体育旅游产业而言也是如此。如今世界上各个国家都非常重视体育旅游产业的发展,将其作为国民经济的重要部门去发展。在区域经济一体化的今天,构建一个科学和完善的体育旅游产业集群具有重要的意义。

### 一、旅游集群及体育旅游产业集群的概念

#### (一)旅游集群的概念

旅游集群是由有效的旅游供应链组织起来的一系列旅游活动和旅游服务,其目的是旅游目的地所有单位协同作用以便提高目的地的竞争力。[1]

#### (二)体育旅游产业集群的概念

由以上旅游集群的概念可以得出,体育旅游产业集群是聚集在一定地域空间的体育旅游核心吸引物、体育旅游企业及体育旅游相关企业和部门,为了共同的目标,建立起紧密的联系,协同工作提高其竞争力的体育旅游活动或相关服务的集合体。

### 二、体育旅游产业集群构建的对策

#### (一)制定合理的产业集群政策

一个国家及地区社会经济的发展在一定程度上依赖于国家

---

[1] 李长柱,张大春.体育产业集群与东北冰雪体育旅游产业集群建构的研究[J].当代体育科技,2017,7(09):183-184.

制定的政策,可以说,政策是经济发展的重要保证,只有在良好的政策指导和保障下,社会经济才能得到健康持续的发展。而对于体育旅游产业的发展而言也是如此,制定一个合理的产业集群政策对于提升体育旅游产业的竞争力,构建科学的产业集群具有重要的意义。一般情况下,制定的产业集群政策要与集群设施及服务保持紧密的联系。要制定相应的鼓励政策扶持产业集群内体育企业的发展,不断提升产业集群的创新能力,让集群内的体育企业保持竞争的活力。需要注意的是,体育产业集群政策的制定不仅要与实际情况相结合,还要与传统的产业政策区别开来,产业集群政策的制定不能只停留于表面,而是要深入产业集群内部不断提升创新能力,采取科学的规划与措施。[①]

(二)充分利用政府的职能

体育旅游产业集群的形成与发展离不开政府的宏观调控,政府在其发展过程中扮演着十分重要的角色。在体育产业集群建立和形成的过程中,政府的职能要随着体育旅游产业的发展而不断做出调整和改变,要根据体育产业的发展特征及具体实际制定科学的规划和策略,为体育企业的发展营造一个良好的竞争环境,为体育企业创造良好的集群品牌奠定良好的基础。另外,政府部门还要为体育企业创造一个良好的制度环境,这是体育产业集群建立、形成与发展的重要保障。政府必须要严格遵循市场经济发展的基本规律,与体育企业保持紧密的联系,为体育产业集群化发展提供良好的多样化的服务。

(三)加强协作意识

在当前市场经济发展的背景下,各个行业之间的竞争越来越激烈,而处于体育旅游产业集群内的各类企业也会展开激烈的竞

---

[①] 李长柱,张大春.体育产业集群与东北冰雪体育旅游产业集群建构的研究[J].当代体育科技,2017,7(09):183-184.

争,这是市场经济发展的必然结果。需要注意的是,这种竞争应该是有序的竞争、公平的竞争,而不是盲目的竞争,否则只会带来一定的损失,不利于产业集群的健康发展。在产业集群内的体育企业可以相互合作,降低企业的交易成本,为企业创造更大的经济利益,进而提升体育旅游企业的市场竞争力。

(四)加大智力支持

体育旅游产业集群要想获得可持续的发展,除了加强彼此之间的合作外,还要充分利用社会各方面的力量,如科研机构和高等院校等,为产业集群的发展提供一定的智力支持。这是体育旅游产业集群发展的重要保障和技术支持。体育旅游产业在发展的过程中需要一定的科研机构提供一定的服务,这不是体育旅游企业自身所能解决的;而高等院校则能为体育产业集群内的体育旅游企业提供高素质的人才,这些宝贵的人力资源对于体育旅游产业集群的建设与发展具有重要的推动作用。除此之外,体育旅游产业集群还可以与体育产业部门合作,为体育产业集群内体育旅游经营与管理人才的培养以及各种咨询业务提供服务,这对于体育旅游产业集群的构建都具有重要的作用。

(五)全面提升产业集群的竞争力

要想构建一个科学、完善的体育旅游产业集群,还需要不断提升产业集群的竞争力。根据波特竞争优势的钻石模型(图6-1),体育旅游产业集群竞争力取决于4个基本因素,即生产要素、需求状况、相关和辅助产业状况、企业的竞争条件以及2个辅助因素,即政府和机遇。可以通过以上要素来构建具有影响力的体育旅游产业集群。

图 6-1

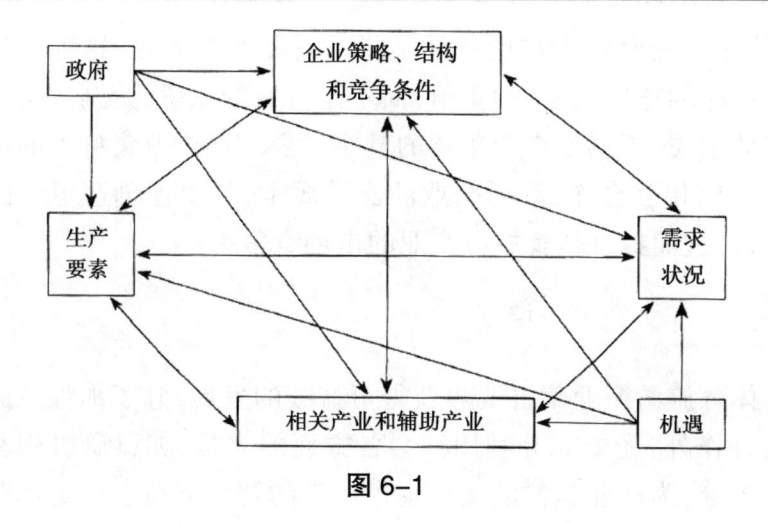

1. 四个基本要素

（1）生产要素

在生产要素方面，为促进体育旅游产业集群的建设，必须要充分发挥我国东、西部体育旅游资源各方面的条件优势，加强体育旅游产品的挖掘与开发，提升体育旅游产品的体验，吸引广大的旅游爱好者参与其中。除此之外，体育旅游企业从业人员还要采取各种手段与措施培养或引进高素质的体育旅游人才，实施人才发展战略，从而推动体育旅游产业集群化发展。

（2）需求状况

在需求状况方面，体育旅游产业集群内的相关产业部门要充分考虑国际、国内市场的需求状况，设计与开发独具特色的体育旅游产品，为体育旅游爱好者提供多样化的服务，从而形成一个富有区域特色的体育旅游产品集合群。

（3）相关产业与辅助产业

在相关产业与辅助产业方面，要进一步推动与体育旅游产业相关产业的发展，如住宿、餐饮、运输等产业，这些产业的发展能为体育旅游产业的发展创造良好的条件和保障。另外，为促进体育旅游产业的发展，还可以促进其配套产业的发展，如体育旅游用品业、体育赛事旅游业等，加强这些产业部门的合作与交流，共同推动体育旅游产业集群的建设与发展。

（4）企业竞争条件

影响体育企业竞争的条件是多方面的,作为体育企业管理人员一定要认真分析这些条件或因素,从而为体育旅游产业的发展创造良好的条件。这些条件或因素主要有经营能力、管理理念与方式、竞争战略规划、企业文化建设等。在体育旅游产业发展的过程中,要实现规模化的经营,加强人力资源的开发,推进科研创新,促进体育旅游产业集群的快速发展。

2. 两个辅助要素

（1）政府

在政府方面,要充分利用各种政策优势,加强体育旅游产业的基础设施建设,同时还要做好生态环境保护工作,鼓励人民群众积极参与体育旅游消费。

（2）机遇

在机遇方面,要紧紧抓住举办奥运会、世博会、亚运会等重大机遇,利用各种有利机遇,形成开发与建设体育旅游产业集群的热潮。如2022年将要在北京和张家口举办的冬奥会就是这样一个良好的契机,各体育旅游企业要抓住这一历史的机遇,尤其是北京、张家口等体育企业要形成一个巨大的合力,构建一个完善的体育旅游产业集群,这对于我国体育旅游产业的发展具有重要的意义。

（六）采取多样化发展模式

1. 龙头带动型发展模式

当前我国体育旅游产业内的企业规模普遍较小、起点较低,能力不足,要想实现体育旅游产业的集群化发展并不是一件容易的事情。为此,必须积极扶植和培养核心领导型企业,发挥其促进产业集群发展的作用。要实现这一目的,需要做好以下三个方面的工作。

（1）加强体育旅游企业间的合作

在体育旅游产业发展的今天,主要存在着核心领导型企业与中小企业两种类型,要想实现这两种类型企业的共同发展,就需要加强二者之间的协作配合,先发展核心领导型企业,然后以其带动中小企业的发展,这样能有效降低体育旅游企业的成本,实现合作共赢的效果。

（2）发挥知名品牌带动作用

在体育旅游产业发展的过程中,利用知名品牌带动其他体育产业的发展也是一个重要的策略。这一策略主要是按照专业化分工合作的基本要求,采用各种手段与措施,把中小型企业吸收进品牌俱乐部,使其共享知名品牌的无形收益,提高产品附加值,从而达到节约投入成本,提升品牌竞争力的目的。在知名体育品牌的带动下,这些中小企业往往能获得不错的发展。

（3）积极进行标准化工作

体育旅游产业的服务水平在一定程度上影响着体育旅游产业集群的建设与发展。因此,核心领导型企业必须要通过相关的服务质量标准和流程体系加强与中小企业的合作与交流,并对其进行有效的管理。[①] 这是体育旅游企业的标准化工作,理应引起重视。

2. 区域品牌聚集型发展模式

在以往的体育旅游产业发展中,主要存在着景点竞争、项目竞争和线路竞争等几种竞争形式,但是伴随着体育产业的不断发展,以及区域经济一体化的发展,很多体育旅游企业开始寻求区域内的沟通与合作,通过区域内各企业之间的合作,能实现资源共享,双方共赢的局面。这就是我们通常所说的区域品牌聚集型发展模式。因此,在未来的发展中,我们可以引导一些规模较大

---

① 杨明,王新平,王龙飞.中国体育旅游产业集群研究[J].武汉体育学院学报,2009,43(01):37-42.

的核心企业,促使其采取区域集群化经营,使其向着集团化、专业化和网络化的方向发展。

### (七)发挥核心企业的带动作用

体育旅游产业是体育产业与旅游产业的结合,其涉及的行业非常广泛,主要包括旅游业、餐饮业、商业、休闲娱乐业等,再加上与体育行业融合之后产生的各种融合型企业,就会产生一大批与体育旅游产业相关的中小型企业,核心企业的作用就是可以将多数的中小型企业集聚起来,从而形成集群效应。[①]

核心企业在体育旅游产业集群化发展中发挥着极为重要的作用,它在很大程度上决定着整个产业集群的市场竞争力。在当前我国体育产业市场中,存在着大量的中小企业,这些中小企业的发展需要核心企业的带动与扶持,只有双方加强彼此间的沟通与交流,融合与合作才能实现共赢的局面。为促进双方的发展,政府相关部门在招商引资的过程中要充分阐明自身的优势,吸引一些大型企业前来投资与发展,这是推动体育旅游产业集群化发展的重要举措。除此之外,国家政府部门也要给予体育旅游企业必要的政策支持,制定一些优惠政策,实现在某一区域集聚更多体育旅游企业的目标。

### (八)制定集群内的差异化经营策略

差异化经营策略主要是指体育旅游企业为了追求尽可能大的经济利润,设计满足消费者个性化需求的体育旅游产品,使消费者能看中产品的价值,激起消费的欲望,此时价格就成为消费者的次要关注要素。这一经营策略不仅能够使得体育旅游企业获得较大的经济利润,还能满足消费者的心理需求,可谓实现了双赢。在体育旅游产业集群发展的初期阶段,体育旅游企业可以根据具体实际情况制定差异化的经营策略,定位不同的体育旅游

---

[①] 张家喜.环太湖体育旅游产业集群发展的研究[D].上海师范大学,2016.

消费层次,细分体育旅游市场,根据旅游者的实际情况设计多样化的体育旅游产品,以满足消费者的个性化和多样化需求。

(九)建立与完善线上推广体系

随着现代社会的不断发展,各种新兴的技术不断涌现,如今人类社会已经进入一个互联网高速发展的社会,社会各个行业及领域都与互联网产生了紧密的联系。体育旅游产业的发展也不例外。

在当今社会背景下,各种高科技手段、信息技术等在社会各个领域都得到了广泛的利用。如电脑、手机等已深入每一个家庭和人群,在人们的生活与工作中扮演着十分重要的角色。在信息化社会发展的背景下,智能手机得到了极大的普及与发展,通过手机人们能解决各种生活或工作问题,大大提高了工作的效率。对于热爱旅游的旅游者而言,可以充分利用手机 App 等软件选择旅游目的地、预订酒店、规划行程路线等,这为人们提供了极大的便利。因此,通过手机 App,利用互联网可以极大地促进体育旅游产业集群的发展。大量的实践与事实表明,建立体育旅游的线上推广体系,对于体育旅游产业集群的建设与发展具有重要的推动作用。

(十)构建完善的风险评估体系

任何事物的发展都存在一定的风险,体育旅游企业也是如此。体育旅游企业在发展的过程中会面临着一定的经济危机、天灾人祸、市场行情不好和人才流失等问题,当发生这一问题时就会出现一定的风险。因此,构建一个完善的风险评估体系,加强体育旅游产业集群的风险管理是尤为必要的。

总之,要想促进体育旅游产业集群的健康发展,提高其在市场上的竞争力,就要做好各类风险的预防与管理,尽可能地避免风险或者在风险发生时将风险的破坏程度降到最小化。这对于体育旅游产业集群的健康发展具有重要的意义。

## 第三节 体育旅游产业竞争力提升策略

在当今社会发展的背景下,各个行业之间的竞争越来越激烈,各企业要想在激烈的市场竞争环境下获得突破式发展,就必须要提升企业的核心竞争力,这是非常关键的一个环节。对于体育旅游企业而言也是如此。作为体育旅游企业管理者一定要重视自身核心竞争力的提升,采取一切可以利用的手段与措施提升体育旅游企业的市场竞争力。

### 一、体育产业核心竞争力的概念、要素及特征

#### (一)体育产业核心竞争力的概念

核心竞争力可以说是企业的一种非常重要的能力。一个具有核心竞争能力的公司往往能在激烈的市场竞争环境下占据发展的优势,抢占较大的市场份额,获得不错的收益。核心竞争力也可以说是一种行动能力,是一个企业或组织长期形成的专有能力,是有别于其他企业或公司的独特的能力。具备核心竞争力的企业或公司更有可能在激烈的市场竞争环境下寻找到发展的机会,更有可能获得可持续发展的竞争优势,这一能力可以说是企业或公司多方面能力的综合,企业要想保持可持续发展的竞争优势,就必须要想方设法地提升自身的核心竞争力。

伴随着时代的不断发展,人们的认识水平也进一步提升。关于企业核心竞争力,不同的专家学者都有不同的见解和看法。我国一部分专家学者认为,企业核心竞争力是其赖以生存与发展的重要因素,缺乏这一因素,企业将难以获得发展,简单来说,核心竞争力就是体育企业具有独特技术或营销的能力。还有一部分专家认为,体育企业的核心竞争力在于各方面要素,是技能、资产

和经营管理等要素的有机融合。只有这些要素充分融合在一起,体育企业的竞争力才能获得提升,才能在激烈的市场竞争条件下占据有利的位置。

尽管诸多专家及学者对于核心竞争力的定义都有自己的看法与见解,并未形成一个统一的定论,但总体来看,大部分的专家都普遍认同以下几个观点。

(1)核心竞争力不是指某一技术专长,和资源要素,而是一种资源组合能力,具有一定的系统性特征,属于一种综合能力。

(2)核心竞争力是一个以学习、创新为核心的企业系统中关键资源的组合,能够使组织在一定时期内保持现实或潜在竞争优势的动态的平衡系统,它是企业或公司维持可持续发展的重要动力源泉。

(3)核心竞争力主要是通过核心技术专长,如独特产品、独特技术和独特营销手段等表现出来的。

(4)具备核心竞争力的企业或公司非常注重核心产品的研发。作为企业产品的设计与开发人员一定要重视核心技术的研发与利用,设计出与众不同的能满足人们个性需求的产品,这样才有利于提升自身的核心竞争力,从而在激烈的市场竞争中占据一席之地。

(5)一个先进的企业或公司通常都有自身先进的文化和正确的价值观,这一点区别于其他企业或公司,是其他企业或公司所不能复制和模仿的,这是决定企业核心竞争力的最为重要的因素。

(二)体育产业核心竞争力的要素

关于核心竞争力的构成要素,主要有以下几种观点。

1. 第一种观点:核心竞争力主要由核心产品、核心技术和经营管理能力三要素构成

学者王秉安认为,企业核心竞争力主要由硬核心竞争力和软

核心竞争力两个部分组成。这两方面的核心竞争力对于体育产业的发展而言具有非常重要的意义。硬核心竞争力是指以核心产品或技术为特征的竞争力形式;而软核心竞争力则是指体育企业在经营与管理等方面的能力。后一种核心竞争力对于一个企业而言更为重要,是其他企业难以模仿的。这一概念强调核心竞争力的"软硬结合",但却忽视了企业文化在企业发展中的作用。

2. 第二种观点:核心竞争力主要由企业文化和价值观构成

学者姜国祥认为,一个企业的核心竞争力应包括以下两个方面。

一方面,体育企业具备获取各种资源或技能并将其集成、转化成企业技能或产品的能力。

另一方面,体育企业充分利用自身的能力,调动各生产要素的积极性,促使产业组织内各个环节顺利运转的能力。关于这一方面的能力,又具体体现为以下五个方面。

(1)企业员工的知识储备与相关技能。

(2)企业产品的设计与创新能力。

(3)企业的经营与管理能力。

(4)企业创造与运用品牌影响力的能力。

(5)企业特有的文化和价值观。

还有一部分学者认为,企业的核心竞争力主要表现在四个维度,即技巧和知识、技术系统、管理系统、价值观系统。其中价值观系统是最为重要的要素,属于企业文化的核心内容。一个企业要想获得更好的发展,必须要具备良好的价值观。

3. 第三种观点:核心竞争力由一些无形的高等要素构成

一些学者认为,企业的核心竞争力主要由一些高等要素构成,这些要素都是无形的,潜移默化地影响着企业的发展。学者周振平认为,文化力是一个企业的核心竞争力。作为体育企业而言,在平时的企业建设中,一定要将这一核心竞争力发扬光大,只有体育企业的核心竞争力得以提升了,消费者才能认可这一企业或者企业的产品或服务,从而促进企业在激烈的市场竞争中站稳脚跟并进一步发展。

作为一个体育企业,要想提升企业的文化力,首先就要搞清楚文化力的内涵及构成,精神力和制度力要素是构成文化力的重要要素,体育企业要重点加强这两个要素的建设,以此推动体育企业文化力的提升。在这样的情况下,体育企业才能在激烈的市场竞争中占据一席之地,实现健康发展。

### (三)体育产业核心竞争力的特征

关于体育产业核心竞争力的特征,不同的专家也有不同的看法。

#### 1. 国外关于体育产业核心竞争力特征的描述

国外关于体育产业核心竞争力特征的研究,不同学者也持有不同的意见。如普拉哈拉德和哈默尔认为,体育企业的核心竞争力特征主要体现在以下几个方面。

(1)体育企业的核心竞争力并不是单一的方面,而是代表许多单个技能的整合。

(2)体育产业的核心竞争力是一种综合能力,是一个学识的积累,主要包含隐性和显性两方面的知识。

(3)具有良好的核心竞争力的体育企业往往能为顾客所感知的价值作出非常大的贡献。

(4)具有良好的核心竞争力的体育企业通常具有与众不同的特性。

(5)具备良好核心竞争力的体育企业能为进入新市场提供必要的人口数量。

而巴尼则认为,一个体育企业的核心竞争力的特征主要表现在以下几个方面。

（1）核心竞争力具有独特的价值。

（2）核心竞争力是异质的。

（3）核心竞争力不能被模仿。

（4）核心竞争力很难被其他企业所替代。

（5）核心竞争力是处于不断地发展和变化之中的。

2. 国内关于体育产业核心竞争力特征的描述

国内一部分学者也对体育产业的核心竞争力做出了分析，大都认为体育产业的核心竞争力应具备以下五个方面的特征。

（1）价值性特征

具备良好的核心竞争力的体育企业通常具有较好的发展前景，长远来看，它能为体育企业创造更高的价值，能为企业降低成本；能为顾客提供良好的产品或服务；能帮助体育企业占据较大的市场份额。

（2）独特性特征

一个体育企业的核心竞争力并不是凭空产生的，而是需要长期的积淀才能获得，是体育企业所独有的，很难被其他企业所模仿和替代。具有核心竞争力的体育企业具有很大的竞争优势，会在很长的一段时间里保持较为强势的地位。

（3）延展性特征

延展性也是体育企业核心竞争力的一个重要特征，这一特征对于体育企业获得核心专长以及其他能力具有非常大的帮助，能为体育企业的扩张战略提供重要的动力支持。

（4）动态性特征

核心竞争力的动态性特征是指，体育企业的核心竞争力是处于不断地发展和变化之中的，这一核心竞争力与一定时期的产业动态、企业和资源以及企业的其他能力等变量有着高度密切的关系。

（5）长期培育性特征

一个体育企业的核心竞争力不是一时一日形成的，是在长期的发展过程中逐渐培育形成的,这就是核心竞争力的长期培育性特征。正因如此,核心竞争力才很难被其他企业所模仿和替代。

以上就是国内外关于体育产业核心竞争力特征的主要描述,一个体育企业要想在激烈的市场竞争中站稳脚跟,获得较高的市场份额,就必须要想方设法地提高自身的核心竞争力,这是一个长久之计,对于体育企业的长远发展具有深远的影响和意义。

## 二、影响体育旅游产业竞争力提升的因素

体育产业竞争力在一定程度上反映了一个国家的体育产业发展水平,因此建立和形成一个良好的市场竞争机制对体育产业的发展是非常有利的。与发达国家相比,我国的体育产业还处于一个较为落后的局面,存在着很多影响体育产业市场竞争力的要素。因此,对这些要素进行分析是非常有必要的。总体而言,影响和制约体育旅游产业竞争力的因素主要有以下几个方面。

### (一)需求要素

在体育旅游产业市场竞争力提升的各项因素中,人们的需求可以说是其中一个非常重要的因素。需求是影响体育旅游产业市场发展的基础要素之一,只有人们的需求得到满足了,体育旅游产业才能获得好的发展。随着人们物质生活的极大丰富,人们开始追求更加多元化的体育消费,不仅仅涉及实用消费层面,服务层次的消费也逐渐增加。这些变化都直接影响着体育旅游产业的需求结构,影响着体育旅游产业的竞争力。一般来说,影响体育产业发展的需求因素主要涵盖以下几个方面的内容。

#### 1. 人均可支配收入与闲暇时间

伴随着现代社会的不断发展,人们的体育消费需求也呈现出多样化和个性化的发展趋势。为增强自身体质,丰富业余文化生活,人们可以在节假日期间和休闲之余参加各种形式的体育旅游

活动,满足自己的健身与娱乐需求,这非常有利于体育旅游产业的健康持续。相关研究及数据充分表明,体育旅游产业的发展在很大程度上依赖于人们的经济消费水平和闲暇时间,只有这两方面条件具备了,人们才有可能参加体育旅游活动。因此,大力发展经济,增加居民节假日时间是根本所在。

2. 消费者偏好

如今,体育旅游产品的种类越来越多样化,这为人们参加体育旅游消费提供了广阔的空间。在这样的形势下,体育旅游产业之间的竞争也越来越激烈。在这样的良性竞争环境下,体育旅游产业市场才能逐渐壮大,从而获得快速健康的发展。当人们具备了一定的消费能力后,其对同类产品或服务的选择主要取决于消费者的偏好。如他们喜爱消费某一个体育旅游产品,就会长期购买,具有较强的品牌忠诚度。

但需要注意的是,需求因素仅仅是体育旅游产业市场发展的一个必备条件,只具备这一条件还是远远不够的,不能完全将其作为判断体育旅游产业发展程度的参考。在未来的发展中,我们要采取必要的手段与措施努力激发人们参与体育旅游消费的欲望和动力,将人们的体育旅游消费需求转变为实际的消费能力。与此同时,体育旅游产业经营者也要针对人们的需求不断开发创新的产品或提供多样化的服务,这样才能吸引更多的人参与到体育旅游消费之中,从而促进体育旅游产业的快速健康发展。

(二)资本要素

在体育旅游产业发展的过程中,资本要素是一个非常关键的要素之一,它也是提升体育旅游产业竞争力的关键要素。

一般情况下,体育旅游产业市场的资本要素主要包括以下内容。

### 1. 资金投入

体育旅游产业活动的进行涉及各方面的要素，如旅游场地的建设、旅游资源的开发、旅游设施设备的引进等，这些都需要大量的资金投入才能实现。可以说没有充足的资金，各项体育赛事活动是难以顺利进行的。因此，要想推动体育产业市场的建设与发展，就需要不断吸纳社会资金，同时政府也需要提供一定的财政和税收支持，这样才能为体育产业市场的建设提供充足的资金。

### 2. 人力资本

人是推动事物发展的重要因素，发展到21世纪，人才在社会各项事业的发展中都扮演着十分重要的角色。在体育旅游产业体系中，人力资源主要包括体育旅游产业经营者、消费者以及其他人员等，他们是推动体育旅游产业发展的根本动力。因此，要想进一步提升体育旅游产业的竞争力，必须要注重人力资源的建设与发展。

### 3. 产业文化

体育旅游产业属于新兴的第三产业，其本身蕴藏着深刻的文化内涵，这一内涵主要是体育物质文化、体育制度文化和体育精神文化的总和。体育产业的文化属性主要体现在具体的体育产品和体育赛事活动之中。随着体育产业全球化的进行，体育产业的内涵也越来越丰富。丰富多彩的社会为体育文化注入了新的时代气息。可以说，体育经济与社会文化之间的关系非常密切，二者的结合能推动体育旅游产业市场的繁荣与发展。因此，在今后的发展中一定要重视体育旅游产业文化体系的建设。

### 4. 产业组织

经过多年来的发展，体育产业强国一般都具备了比较健全和完善的产业组织，而对于我国而言，我国体育产业的发展还处于一个比较落后的局面。体育旅游产业竞争力的提升实质上就是产业组织能力对市场资源的科学配置和利用。因此,是否具备一个完善的产业组织,对于体育旅游产业市场的发展及竞争力的提升具有重要的影响。

5. 体育科研能力

大量的实践表明,一个国家的科研水平在很大程度上影响着体育产业技术的创新,也影响着体育产业竞争力的提升。科学技术对社会各个领域的作用越来越大,体育旅游产业的发展也不例外。为促进体育旅游产业的发展,我们必须要加大体育科研的投入力度,加强体育科研的创新,这对于体育旅游产业市场的构建具有深远的影响和意义。实际上,体育旅游产业的发展在一定程度上依赖于现代科技的力量,无论是体育旅游产业规划,还是体育旅游市场的开拓,都需要强大的科研力量。否则就难以获得良好的发展和更强的竞争力。

(三)区位因素

由于各地区的体育旅游资源存在着很大的差异,因此地理位置也是影响体育旅游产业发展的重要因素之一。区位空间结构理论能很好地反映经济活动的空间集聚程度和规模。在区位空间结构理论下,各项构成要素之间的关系非常紧密,它们是区域经济活动在地理空间上的分布格局及空间组合形式,是区域发展状态的显示器。产业空间格局的经济性取决于区位资源、社会环境、产业政策等空间基础。区域环境的优劣主要是相对于其他区域而言的,地理位置、环境质量、区域结构和区域差异等方面所显示出的综合优势是动态变化的,自然条件、资金实力、基础设施、行政效能、人口因素、交通运输是形成区位资源优势的基础。区位资源优势与良好的社会环境不仅能促进体育旅游产业的健康快速发展,同时还能带动其他产业的发展。因此,体育旅游企业要利用好自身的区位优势,争取设计出独具特色的吸引大众的优势体育旅游产品,促进当地体育旅游产业的快速发展。

## 三、体育旅游产业竞争力提升的创新驱动机制

### (一)科技创新

**1. 科技创新是体育旅游产业发展的核心动力**

在 21 世纪的今天,科学技术的地位越来越高,在社会各个角落都能看到科技的身影,可以说现代科技已充斥人们的日常生活之中。当前科学技术在每一个领域都得到了广泛的应用,因此体育旅游产业的发展也要高度重视科技创新,这是推动体育产业快速、持续、健康发展的重要动力源。

**2. 利用科技创新提高体育旅游产业发展的竞争力**

体育产业在发展过程中受到了现代科技的推动,在现代科技的推动下,体育产业才获得了快速的发展。对于体育旅游产业而言,发展趋势也将如此。在未来的发展中,各体育旅游企业要时刻把握市场发展的脉搏,以消费者的需求为出发点,设计与开发出创新的体育旅游产品,从而建立市场竞争优势。总的来说,一个体育企业的未来发展前景在很大程度上取决于其是否具有良好的研发设计能力和科技创新能力。只有加强科技创新,才能提升自身的影响力,在激烈的市场竞争中占据一席之地。

**3. 现代信息技术开拓了体育产业发展的空间**

随着现代社会的不断发展,信息技术在各个领域都得到了广泛的利用,也逐渐成为体育旅游产业创新与发展的重要动力。依托现代信息技术,促进体育旅游产业的信息化、技术化、知识化发展,能有效突破传统信息交流渠道和障碍,进而促进体育旅游产业的健康发展。发展到现在,信息技术已逐渐渗透到体育旅游产业的各个层面,并在其发展中扮演着越来越重要的角色。因此,作为体育旅游产业的管理者,一定要利用业余时间想方设法地提

高利用信息技术的能力,提高体育旅游产业发展的科技含量,为体育旅游产业的发展构建一个科学、完善的信息平台,在这一平台之上,体育旅游产业才能获得健康、快速的发展。

4. 大数据时代推动了体育科技创新

随着现代信息技术越来越广泛的运用,人类社会获得了快速的发展。在体育领域,信息技术也得到了广泛的利用。如大数据的运用为职业体育俱乐部、体育赛事组织、体育科学研究等提供了诸多便利,利用现代科学技术创造出的各种体育科技产品、体育健身器材等也深深吸引着广大的体育爱好者,成为体育产业重要的消费人群,促进了体育产业市场的发展。对于新兴的体育旅游产业而言,在当今时代背景下,也要充分利用信息技术,设计出符合时代发展的体育旅游产品,逐步提升体育旅游企业的影响力,这样才能获得大的发展。

(二)观念创新

1. 改变传统观念,不断学习新知识

如今,体育旅游产业已深受人们的关注,其发展迎来了一个良好的契机。为促进体育旅游产业的发展,我们必须要真正认识到体育旅游产业的深刻内涵与价值。为推动体育旅游产业的健康发展,相关的从业人员就需要不断地加强体育信息、体育理论、旅游理论与常识等方面知识的学习,从而为体育旅游产业的管理奠定必要的理论知识基础。

2. 树立政府服务和扶持基本理念

当前可谓进入了一个新的历史发展时期,在这样的新的时代背景下,旧有的思想观念已难以适应时代发展的要求,成为制约和影响体育旅游产业发展的因素之一,因此我们要逐步改变旧有的发展观念和思路,树立新的体育旅游产业发展理念,建立一个以市场经济、社会需求为导向的科学发展体系。在这一体系之下，政府部门要充分发挥自己的主动性，不断提高各部门服务的效率和质量，构建一个健全和完善的体育旅游产业服务体系，并不断丰富这一体系的内容，从而为我国体育旅游产业的发展提供良好的保障。

### 3. 构建大众创业、万众创新的文化空间

在现代社会背景下，我们要始终坚持理念创新，努力构建一个大众创业、万众创新的体育文化空间，不断加大体育旅游产业的投资力度，革新经营与管理模式，为我国体育旅游产业的发展营造一个良好的发展空间，提升我国体育旅游企业的影响力，提高体育旅游产业在国民经济中的地位。

## （三）制度创新

大量实践证明，体育旅游产业需要一定的制度作保障，否则就难以获得健康的发展。因此我们必须要加强制度创新，为体育旅游产业的发展创造一个良好的制度环境。建立新的制度体系，能改变以往不符合时代发展的做法，能充分调动各方面的力量，形成一个良好的生态发展环境，从而为体育旅游产业的发展奠定良好的基础。

加强制度创新，我们需要注意以下三个方面。

### 1. 构建产学研合作创新的资源配置机制

体育旅游产业属于体育产业与旅游产业的高度结合，要想促进其进一步发展，就要充分利用一切可以利用的力量。除了政府提供必要的支持之外，还要加强与社会各部门之间的联合，如与高校、社会企业、各类体育组织等部门展开密切的合作与交流，通过整合各类体育资源，构建一个产学研合作创新的资源配置机制，逐步扩大体育旅游产业的规模，提升其在其他国家和地区的影响力，实现可持续发展的目标。

## 2. 创新体育举国体制

目前,我国体育旅游产业存在着发展体制不健全、影响力不足等各方面的问题。要想扭转这一局面,首先就要转变思想,加强体育体制的创新。我国体育旅游产业的相关部门要积极响应国家的号召,利用创新驱动机制,建立起有利于体育旅游产业发展的政策和制度。在新的发展机制下,要迅速地整合社会资源,努力实现体育旅游产业发展的目标。

随着现代社会以及体育事业的不断发展,以往的一些制度与政策已不能跟上时代发展的形势,我国体育相关部门要充分认识到这一点,及时转变自身职能,构建一个健全和完善的产业制度体系,加强产业服务创新,这样才能极大地推动体育旅游产业的发展。

## 3. 创新体育产业人力资源开发机制

如今人们的物质生活水平得到了极大的改善和提高,这为人们参加体育旅游活动创造了良好的经济基础。而在当前全民健身的推动下,每年参与体育旅游消费的群众日益增长,这也为体育旅游产业人才的发展创造了广阔的空间。

目前,我国体育旅游产业相关的岗位人才都比较欠缺,需要大力挖掘与培养。为培养一大批高素质的体育旅游产业相关人才,我国政府相关部门要制定一定的优惠政策,引导和鼓励更多的人才进入体育旅游行业,同时还要加强高校教育体制改革,培养新型的体育人才,为我国体育旅游产业的发展创造良好的人力资源基础。这样才能推动我国体育旅游产业的健康持续发展。

### (四)服务创新

目前我国已是一个体育大国,但还不是一个体育强国。因为体育强国不仅体现在竞技体育方面,而且在群众体育、学校体育、体育产业等方面都要获得快速的发展,具有一定的发展水准,而我国这几个方面与体育强国相比还存在一定的差距,尤其是体育产业与西方体育强国相比还存在较大的差距。而在体育产业之中,体育旅游产业作为一项新兴的产业内容,与国外体育产业强国相比,我国的发展也较为落后,要想推动这方面的发展,就需要加强服务创新,创造先进的体育服务业的营销模式和服务组织架构,努力提升体育旅游服务水平,为人们提供良好的体育旅游服务,才能进一步推动体育旅游产业的发展。

1. 构建外部与内部营销的服务创新机制

体育旅游产业的发展涉及各方面的因素,每一个因素都是非常重要的,在今后的发展过程中,体育旅游企业要根据体育产业发展的形势构建一个全新的服务创新机制,构建一个健全和完善的体育旅游产业制度体系,这样才能促进体育旅游产业的健康发展。

在体育旅游产业外部营销服务方面,应以顾客导向为基本原则,加强与顾客与企业之间的密切联系,完善体育产业的各个服务,努力提升体育产业服务质量,提升体育旅游产业的竞争力。

在体育旅游产业内部营销服务方面,要不断提高员工的服务意识和能力,采取必要的奖惩手段,对于优秀员工要给予必要的奖励,对于不合格的员工要给予必要的处罚。只有从体育旅游产业内部员工入手,才能很好地提升体育旅游产业服务质量,进而提升体育旅游产业的影响力,促进其进一步发展。

2. 构建弘扬民族文化的服务创新机制

加强体育产业的服务创新,也离不开民族传统体育的发展。在现代社会背景下,弘扬传统文化也是非常有必要的。民族传统体育作为我国传统文化的重要内容,也理应受到重视。而在当今市场经济背景下,民族传统体育可以成为体育产业经济的重要内容,民族传统体育市场的发展对于我国整个体育产业的发展也有着极为重要的意义。

（1）加强保护，防止民族传统体育文化资源的流失和闲置

我国是一个多民族国家，有着丰富的民族传统体育旅游资源，在旧思想观念下，这些传统的体育旅游资源，有些随着时间的流失而逐渐消亡，难以获得继承和发扬。因此，要扭转这一局面，就要构建一个促进民族体育传播与发展的服务创新机制，不断做好民族体育资源的挖掘与开发，这对我国体育旅游产业的发展非常有帮助。

（2）要加强民族传统体育与其他产业的融合，实现共同发展

在我国体育旅游产业发展的过程中，要加强民族体育与西方体育之间的融合与发展，汲取西方体育文化的先进经验，取长补短，不断提高我国民族传统体育的竞争力，将民族传统体育逐渐融合到现代体育产业之中，创造良好的体育旅游品牌形象，提升体育旅游企业的国际影响力，从而获得健康持续的发展。

### 四、体育旅游产业竞争力提升的思路与对策

（一）体育旅游产业竞争力提升的思路

体育旅游产业在发展的过程也遵循一定的客观规律，循序渐进地发展，不要急于求成，只注重眼前的利益，而是要将目光放长远，追求体育旅游产业发展的长远利益。除了遵循基本的发展规律外，体育旅游产业的发展还离不开必要的创新，这样才能进一步提升其竞争力，在市场上站稳脚跟，谋求大的发展。

1. 更新发展理念，加快体育旅游产业化发展进程

体育旅游产业的创新发展是一项大的工程，绝不是一件简单的事情，在发展的过程中，首先就要转变旧思想，树立发展的新理念，采取必要的措施和手段提高体育旅游产业发展的产业化水平，将体育产业看作是一个重要的经济部门，确立体育旅游产业可持续发展的战略，不断推进体育产业发展的进程。

**2. 深化体制改革,促进体育旅游产业健康发展**

为进一步促进我国体育旅游产业的发展,我们必须要结合当前形势做进一步的改革,对于体育部门而言,要依据如今体育产业发展的现状进一步深化体制改革,为体育旅游产业的发展构建一个科学有效的管理体制,同时还要加强体育旅游产业制度及相关政策的完善与发展。这样才能保证体育旅游产业获得持续健康的发展。

**3. 构建体育旅游产业发展的指标体系**

发展至今,体育产业已成为我国国民经济发展的一个经济增长点,体育产业的发展越来越受到重视。而作为体育产业的重要内容,体育旅游产业的发展也要重视起来。体育旅游产业的发展一方面是国民经济增长的需要,另一方面也是其自身发展的需要。因此,客观评价体育旅游产业发展的现状,制定一个体育旅游产业发展的科学指标体系,对于体育旅游产业的可持续发展具有重要的意义。但需要注意的是,建立的体育旅游产业发展指标既要符合实际,又要有远见,发展指标要科学和合理。

**4. 培养一大批优秀的体育产业人才**

为推动我国体育旅游产业的发展,还必须大力挖掘与培养体育产业人才。我们可以采取以下措施来培养体育产业人才。

第一,在高校中开设体育管理专业,培养一批高质量的体育产业经营与管理人才。

第二,通过培训班、会议交流等形式加强我国体育高级管理人才的培养。这样才能进一步推动我国体育旅游产业的健康持续发展。

**5. 发展大型体育旅游企业,走品牌化发展道路**

在全球一体化发展的今天,我国政府相关部门要制定一定的扶持政策和制度,鼓励优势体育旅游企业走出国门,走国际化发

## 第六章　我国体育旅游产业的集群化发展与竞争力提升的策略

展道路,借鉴其他国家的发展经验,创立独具特色的体育旅游品牌,进一步提高体育旅游企业的影响力,逐步缩小与发达国家之间的差距。

6. 建立和形成优势产业链,以优势企业带动弱势企业发展

与国外体育产业发达国家相比,我国的体育产业在各方面都处于明显的落后局面,但也有一些优势产业门类,如体育产品制造业。因此可以重点优先发展这一方面,要做大做强,形成一定规模,严格按照"一区一圈一带"三个区域发展,在市场经济体制下,企业间有合作有竞争。企业间相互促进,使优势产业做大做强,并带动弱势产业发展。

我国地大物博,各地区之间的经济水平存在着较大的差距,受此影响,我国体育旅游产业结构也存在这样的现象,为解决这一问题,我们可以优先发展一些优势体育旅游产业,以先进带动落后,最终实现各地区体育旅游产业的均衡发展。

### (二)体育旅游产业竞争力提升的对策

在现代社会背景下,体育产业以其前所未有的速度快速发展着,这为体育旅游产业的发展营造了一个良好的环境,尽管如此,体育旅游产业的发展仍然受到一些因素的阻碍,面临着巨大的压力。在未来的发展中,体育旅游产业要紧跟时代发展的步伐,采取各种手段与途径提升体育旅游产业市场的竞争力。在新的时代背景下,我们可以采取以下对策来提升体育旅游产业市场的竞争力。

1. 不断加大体育旅游产业的扶持力度

体育旅游产业属于一个新兴的第三产业,是体育产业与旅游产业的结合体,其系统也是非常复杂的,这一系统的发展需要各方面的支持,除了政府部门的扶持外,还需要各种社会力量的帮助。在国家及地方部门、各社会力量的扶持下,体育旅游产业市

场体系才能逐步完善，从而获得健康发展。在体育旅游产业发展的过程中，必须要有一个支柱性产业作为发展的主力，支柱性产业在整个产业系统中占据着重要的地位，能为其他产业部门的发展起到良好的带头作用。如当今的体育赛事旅游、冰雪体育旅游的发展势头就比较好，我们可以努力多打造一些这样的支柱性行业，从而为其他行业的发展提供良好的借鉴。

随着我国社会主义现代化建设的逐步进行，我国社会经济发展非常迅速，目前已成为仅次于美国的世界第二大经济体。这就为我国体育产业的发展奠定了良好的经济基础。我国政府部门及体育相关部门要结合当前我国发展的具体形势，在充分调查体育产业市场发展现状的基础上，优先发展一批体育旅游产业的支柱性行业，同时，政府及地方各部门要努力为这些产业部门的发展创造良好的基础和条件，先发展带动后发展，从而实现共同发展的目标。

2. 提高各类体育旅游产品的核心竞争力

如今，人们的物质生活水平得到了极大的改善和提高，在这样的背景下，商品种类也越来越多，在体育领域也是如此。大量产品的出现为人们物质生活的丰富提供了良好的条件，但在人们物质生活得到极大丰富后，人们更多的是转向精神方面的需求。体育作为全民健身背景下的重要方式，深受人们的青睐。这就为体育旅游产业的发展创造了良好的群众基础。如今参与体育旅游消费的人群规模越来越大，有着良好的发展前景。

在新的时代背景下，要想进一步提升我国体育旅游产业市场的竞争力，就需要采取各种手段与措施逐步提高各类旅游产品的核心竞争力，这一点至关重要。大量的研究与实践表明，利用各种现代高科技手段，能促使各类体育旅游产品的生产、品质、销售等得到有效提升。要进一步提升我国体育旅游产业的核心竞争力，就要大力发展科技，提高体育产业的科技含量，这需要引起政府部门及体育旅游企业的高度重视。

### 3.利用宏观政策引导各地区体育旅游产业的均衡发展

我国地大物博,各个地区存在着经济发展不平衡的现象,表现在体育产业领域方面也是如此。由于体育旅游产业在很大程度上依赖于地域的旅游资源,因此在产业发展的不平衡性上,这一点表现得尤为明显。为扭转这一不利的局面,相关部门要制定有针对性的政策加以解决,如税收倾斜、资金扶持、制定体育旅游产业战略规划等都是有效的策略。

除此之外,我国政府部门还要制定相关的文件和政策,鼓励体育产业发达地区带动落后地区的发展,对经济落后地区要给予"扶贫",不断拉动各地区体育旅游产业的发展,实现各地区体育旅游产业的均衡发展。

# 第七章 特色体育旅游产业的协同发展

体育旅游产业的发展,不仅要从整体上注重统一,还要将我国的特色体现出来,即发展相应的特色体育旅游产业。我国特色体育旅游产业的协同管理与发展,会对我国体育旅游产业的总体发展起到积极的推动作用。本章主要对体育赛事旅游和冰雪体育旅游的协同发展进行分析,同时,也对少数民族体育旅游加以分析和研究,通过对各种特色体育旅游产业协同发展的了解和认识,为我国体育旅游产业的整体竞争力的提升创造有利条件。

## 第一节 体育赛事旅游的协同发展

### 一、体育赛事旅游的基本理论

体育赛事旅游,就是将体育赛事与体育旅游结合起来的一个综合概念,具体来说,就是在体育赛事这一形式的指引下,广泛运用各种各样的体育手段,来达到愉悦身心的目的,这是一种新兴的典型旅游活动。

(一)体育赛事旅游的价值体现

通常,旅游资源可分为两种,即自然旅游资源和人文旅游资源。其中,体育赛事就可以归纳到人文旅游资源的范畴中,从空间上来说,如果将其固定之后,其就成为了旅游产品,对于旅游者有着较大的吸引力,同时,也能使旅游者的旅游需求得到较好满足。体育赛事文化的表现形式主要为大型体育赛事活动,体育赛事旅游能够使游客在观赏和体验体育赛事,获得愉悦的精神享受的同时,被体育赛事文化中所融合的旅游产品所吸引,使其在关注旅游产品的同时,也对除此之外的其他旅游活动有所关注。

体育赛事使旅游资源的范围得到了进一步的拓展,对于体育赛事举办地来讲,如果存在理想状况,它甚至可以将荒无人烟的沙漠变成人们所向往的旅游目的地。由此,可以得知,体育赛事使得体育产业的涵盖面得到了扩张,同时,也保障了经济动力能级,为实现旅游业、体育产业的可持续发展提供了循环利用的资源。

(二)体育赛事旅游的显著优势

体育赛事旅游资源本身有着显著的优势,主要表现在以下几个方面。

1. 对旅游群体有更大的吸引力

当前,人们的生活、工作节奏都非常快,压力比较大,这就促使很多人希望能够在有限的节假日中,选择一些能够远离日常生活环境的活动,在轻松新鲜的环境中得到有效的放松,也使回归自然的归属感得到较好的满足,同时,自身健康状况也会因此而有所改善。由此可以看出,体育赛事作为一项旅游活动,能够很好地满足消费者的上述要求,这一点是毋庸置疑的。

体育赛事的举办地,对旅游者的吸引力有两个方面,一个是各项体育赛事的吸引力,旅游者可以参观也可以参与;另一个是该城市景区景点的吸引力。

2. 能使传统旅游资源的不足得到有效弥补

大型的、具有市场号召力的体育赛事的吸引力仍然是比较大的,尽管举办地自身旅游资源较为缺乏,还是会有大量的旅游者前来。这是因为,这时候旅游者前来的主要目的是观看或参与到体育赛事活动中,在当地景区进行旅游已经成为次要需求。

3. 旅游后续效应较为显著

事实证明,大型体育赛事的举办,给承办城市带来的旅游效应是非常显著的,这种旅游效应,有直接的部分,也有后续的持续影响力,前者主要是指赛事举办期间所创造的效应部分;后者则是指通过大型的体育赛事活动的举办,将大量的信息带进来,从中能够获取一些客观规律和商机,这就为新的旅游产品和项目的开发提供了依据,并创造了有利的条件。通常来说,在举办过一场成功的体育赛事后,主办方还会调查参观者的需求,并且以此为依据,再进行后续活动的策划和组织,将广受关注和好评的活动作为特色项目长期保留下来,加大对旅游者的吸引力。这从某种程度上也对体育赛事赋予更多的人文意义,并且通过举办大型的体育赛事活动,使城市的基础设施得以改善,社会环境得到优化,保障了旅游消费者对当地及旅游特色的忠诚度和美誉度。

(三)体育赛事旅游的特征属性

1. 突显出"体育"与"旅游"的主题性

体育赛事旅游作为"体育"与"旅游"的结合体,也有这两个事物的双重属性,从这一角度上来说,体育赛事旅游与传统的自然旅游资源与人文旅游资源之间的区别是较为显著的。体育赛事旅游的主题性特征,主要体现在以下两个方面。

一方面,体育赛事旅游所强调的突出点就是"体育赛事",这是主题之一,是通过赛事活动而自然引发的,具有显著的休闲性和可观赏性特点。对于高水平的体育赛事来说,其在观赏性和预约观众方面的作用是显著的,这也是对旅游者产生较大吸引力的一个重要因素。某种程度上来说,参与或观看比赛是赛事旅游者的首要动机,也是其参与体育赛事旅游的首要目的。

另一方面,以"效益最大化原则"为依据,大型体育赛事赛前声势浩大的推广活动以及众多媒体大规模的报道,都能够使赛事举办城市的知名度有很大程度的提升,进而会使人们将举办城市作为旅游目的地的概率大大提高,这对于体育赛事举办地客源的增加以及当地旅游业的可持续发展,都有着非常重要的意义。

2. 深厚的文化吸附性

体育赛事本身就具有一定的文化内涵和人文特征,重大体育赛事总是能够将举办地的人文特性进一步地突显出来,比如,北京奥运会"人文奥运"的理念,对于宣传民族的文化个性是有很大的帮助的,可以说,没有文化吸附力的体育赛事是缺乏内涵的。

旅游文化本身作为一种旅游资源,是最具有魅力和持久生命力的,所以,为了促进举办地旅游事业的发展,在举办大型体育赛事的同时,也会组织大量的专项文化宣传活动,从而将举办地的特色文化充分展现出来。

体育赛事的举办,对于举办城市的发展是非常有利的。首先,能够对该城市的文化底蕴进行进一步的挖掘和开发,丰富和充实该城市的文化底蕴;其次,能够有效保护当地的一些文化遗产,对于举办城市文化品位的提高以及更多现代元素的融入都是有积极影响的,除此之外,对于同世界先进文化进行相互交流、相互融合是非常有利的。这也在一定程度上体现出了体育赛事旅游深厚的文化吸附性特征。

## 二、体育赛事对体育旅游的多元化影响

体育赛事的举办和发展,对体育旅游的影响是非常显著的,这种影响力在体育旅游的很多方面都有所体现,比如较为主要是有对体育旅游城市的影响、对体育旅游产业发展的影响以及对体育旅游产品开发的影响等,具体如下。

## (一)体育赛事对体育旅游城市的影响

通过体育赛事的举办,来达到拉动我国城市旅游业的发展的目的,与此同时,还制定了举办"体育赛事+旅游业"模式的发展策略,这也已经成为越来越多城市发展自身品牌的一种策略。具体来说,体育赛事对体育旅游城市的影响体现在以下几个方面。

### 1. 充分发挥出政府职能

政府部门可以加强与体育产业集团的合作,来有效发展体育产业,这对于体育产业的可持续发展是有所助益的。通过大型体育赛事的举办这一契机,来达到对城市旅游的大力宣传和发展,与此同时,还要积极借鉴国内外体育营销城市的先进经验,并进行消化吸收。除此之外,还要结合当地的实际情况,树立良好的品牌形象,地方上的体育、旅游等相关部门要将各自的职能充分发挥出来,相互之间能够产生督促发展的作用,改变传统各自为营,独立发展体育、文化、旅游等的情况,走出一条相互融合、促进发展的新思路。[①]

### 2. 依照城市的特点来举办相应的体育赛事

从城市自身的角度来说,体育赛事的举办会对其产生积极的推动作用。可以说,体育赛事的举办要与城市发展相契合,将两者有机结合在一起,两者的契合度越高,所产生的综合效应就越理想,对经济发展、社会发展以及体育发展所产生的效应就越显著,但是有一点要明确,不同类型的体育赛事所体现出的特点是不同的,对城市产生的影响也会有所差别;不同城市的特点各不相同,因此,也决定了并不是所有体育赛事都能与之相适应。这就需要对要举办的体育赛事进行筛选,只有与举办城市的特点相契合的才可以,避免申办赛事的盲目性。

---

① 张玉兰.大型体育赛事对秦岭南麓旅游城市的影响分析及策略研究[J].渭南师范学院学报,2015(10).

### 3. 合理规划并建立体育赛事的运行机制和创新机制

通常,大型体育赛事的实际举办时间是比较短的,但前期的申办、筹办时间却都比较长,这就要求地方政府对赛事的申办和举办要进行长远的战略性规划。现在体育赛事办赛渠道来自赛事公司,盈利是他们首先考虑的重要因素,因此往往会忽略了在提升城市形象方面的考虑。另外,旅游创新机制是限制目前中国城市体育价值最大化的一个重要症结。因此,对于未来的体育产业发展来说,其生存发展之道应为:合纵连横,跳出体育看体育,在文化创意产业的大帽子下,探索模式进行商业创新。

### 4. 关注对专业人才的培养

从当前的发展状况来看,培养一批从事体育产业的优秀团队和领军人物,加快专而精的管理人才培养是体育赛事旅游发展的当务之急。目前,体育产业经营管理人才匮乏,各地市专业人才较为欠缺,这已经成为普遍存在的重要问题,这就要求,将中介代理公司尽快建立起来,加强高校体育专业与旅游专业的合作,设立体育赛事旅游专业;与此同时,还要做好体育赛事旅游方面优秀人才的选拔、培养和培训工作,使他们尽快掌握体育赛事旅游的基本技能,如此一来,能够使行业急需的体育旅游专才短缺的问题得到妥善解决,同时,还会对赛事旅游服务质量的提高起到促进作用。

### 5. 对体育赛事旅游相关资源加以整合

整合资源,就是针对某一区域中还没有开发出来,或者没有进行有效配置的资源,借助其他的手段或者方式,来对其进行进一步的挖掘、合并、转移、重组,使资源配置的效益能够尽可能最大化,从而将其促进经济发展的作用充分发挥出来。

通常,可以将体育旅游资源分为三大类:一是游客参与的体育项目,典型的体育项目有滑雪、攀岩、登山、漂流、探险等;二是体育赛事,这一类型资源的主要作用是增强游客视觉冲击力,满足体验到现场感,让观众真正领略体育魅力;三是体育文化景点。另外,对体育旅游资源的整理主要包含两个方面,一个是对体育旅游景区资源的整合,一个是对体育旅游宣传资源的整合。

## (二)体育赛事对体育旅游产业发展的影响

### 1. 提升举办地的国际、国内知名度

体育赛事的举办,会对世界范围内的众多参赛选手有很大的吸引力,同时,许多热爱体育运动的观赛游客也会慕名而来。由此可见,体育赛事的举办,对赛事举办地的旅游起到了一个很好的宣传作用,加深了人们对该地自然环境景观的了解。这也使得赛事举办地在国内甚至国际上的地位和知名度有一定的提升。

### 2. 政府的政策与资金投入会有效推动体育旅游的发展

在体育赛事举办前期,政府和主办单位以及相关部门,会提供专门的一些政策支持和资金投入。[1]如此一来,不仅降低了当地发展旅游产业的制度成本,还会使赛事举办地的道路、酒店之类的基础设施建设得到有效的完善,从而使举办地的旅客接待能力也有所提升,进而也间接提升了该地区的招商引资能力。

## (三)体育赛事对体育旅游产品开发的影响

人们的消费观念和消费方式会随着社会经济的不断发展而发生变化,当前,已经逐渐进入到了一个休闲及体验经济时代,因而在发展体育旅游方面,对体验型旅游产品的开发逐渐成为关注的重点。所谓体验消费,所强调的是引导消费者为新奇、刺激买单,这也逐渐派生出了一种具有新奇且富含刺激属性的涵盖消费项目、商品、服务的新型消费方式。当前,在体育旅游产品的开发

---

[1] 周海澜,罗露,郑丽.体育赛事推动体育旅游协同发展研究——以贵州遵义娄山关·海龙囤国际山地户外运动挑战赛为例[J].体育科技文献通报,2016,24(05):35-37.

方面也将这种体验型体育旅游产品的开发作为未来发展的一个重要方向。

### 三、体育赛事旅游的发展状况

体育赛事旅游的发展状况,主要从其未来发展前景和可持续发展上得到体现。

#### (一)体育赛事旅游的发展前景

通过对全世界旅游群体的调查发现,以消遣娱乐、健身康复为目的的旅游者是所占比重最大的群体,而在这方面,中国未来的旅游市场发展潜能是最大的。

除此之外,通过对世界旅游的发展趋势分析可以得知,传统的观光旅游方式发展局限性越来越大,发展和开发的空间已经越来越小,这就需要开辟具有新的主题特色的赛事旅游,并且以此为热点,来有效发展体育赛事旅游,要注意突出其鲜明特色,可以是高层次的文化旅游,也可以是有主题特色的赛事旅游,越来越多的国内外游客对此持有高度的期待和评价,这就为体育赛事旅游的发展提供了更加广阔的市场空间。假日经济成为新的经济增长点。体育赛事旅游越来越受人们的欢迎和喜爱,由此可见,其发展前景是非常广阔的。

#### (二)体育赛事旅游可持续发展的策略

体育赛事旅游的未来发展前景是非常广阔的,因此,为了保证其可持续发展,需要采取一系列的策略,具体来说,可以从以下几个方面着手。

1. 积极地给予政策支持,加强市场培育

体育旅游市场的范围越来越广,这就要求体育旅游产业决策者及从业人员,应摒弃门户之见,主动出击,充分利用体育资源,并且充分整理遍布全国各地的旅游业分支机构,以此为翘板,进一步做大、做强体育旅游市场。另外,旅游部门要在充分发挥自身职能的基础上,做好相关的配合工作,建立并完善体育旅游中介机构,为实现产业经济的相互驱动创造条件,最终形成体育业和旅游业的双赢局面。

与此同时,政府和有关部门,要针对体育赛事旅游制定一些相关政策,从而起到有效促进体育赛事旅游业发展和市场培育的作用。政府要给予相关的政策扶持,这主要体现在税收、贷款、免征关税等方面,与此同时,在体育用品企业的直接对外权上也要进一步放宽。要走向国际,国内企业要向国际市场进行积极主动的出击,不能坐以待毙,具体来说,要将进军市场的方向确定好,找准突破口,这样会起到事半功倍的效果。通过对国际市场的分析可以得知,世界名牌产品的知名度和美誉度已经非常稳定,受众也已经非常广泛,因此,对于国内企业来说,就必须选准国际品牌产品销售薄弱的国家或地区打开产品销路,在出口交易方面进一步扩大,提高创汇能力,从而使我国体育赛事旅游业持续稳定地向前发展。

2. 做好人才培养工作,建立用人机制并灵活运用

我国体育赛事旅游方面的专业人才是较为欠缺的,为了解决这一问题,要求各部门应积极拓宽人才的培养渠道。

一方面,要发挥各大体育院校的优势,比如,体育院校和综合大学的体育、旅游院系,在设置专业结构时要保证适宜性,具体可以根据实际需要进行相应的调整,与此同时,加强社会人文学科相关的学科建设,主要涉及到经济学、市场学、营销学以及法学等,要将这方面人才的培养计划确定下来,以复合型人才为培养目标,从而为国内企业和政府输送合格的经营、设计及管理人才。

另一方面,体育产业部门一定要重视名人效应,借由此来促进产品经营,并做好相关的活动开发工作,与此同时,企业要做好人才建设工作,不仅要善于创造吸引人才、留用人才,还要为人才

创设良好的工作环境,制订合理的利益机制,从而使我国体育旅游人才流失的情况得到有效缓解。

3. 优化产业结构,提高产品质量

在体育赛事旅游的发展过程中,要想方设法将境外资金和设备引入进来,从而使体育和旅游产业结构和资源配备都得到有效的优化和完善,为两大产业间的联合、兼并、重组和改造提供必要的助推力,对体育赛事旅游产业集团股份制公司的建立有着积极的推动作用,同时,要根据自身的实际情况,营造出集团的显著优势,使其抵御风险的能力有所增强,并且在合理的产业结构和规模上面形成优势。

# 第二节 冰雪体育旅游的协同发展

## 一、冰雪体育旅游的价值体现

### (一)对冬季旅游资源的激活

我国地处北半球,寒冷的冬季是旅游的淡季,但冰雪体育旅游的发展将冬季旅游资源有效激发了出来,这样一来,尽管我国旅游市场处于淡季,仍然有很多滑雪爱好者积极参与到冰雪体育旅游活动中来。

当代人们把冰雪文化融入到观雪、赏雪、踏雪、玩雪、滑雪、溜冰的氛围中,同时,与时尚生活、陶冶情趣相结合,很多地方的冰雪景观都成为了重要的旅游资源。较为著名的有:北京"西山晴雪"、黑龙江兴安岭的"兴安雪乡"、吉林长白山麓的"林海雪原"等,这也在一定程度上反映了人们对冰雪文化的接纳和弘扬。

## (二)旅游内容越来越丰富

当前,中国滑雪运动组织方已与国际滑雪组织及许多国家的滑雪界建立了日常联系。同时,每年都会派出滑雪队伍参加相应的比赛和活动,这就进一步促进了与国际之间的交流,交流领域越来越广泛。

中国登山协会每年都会举办专业的培训活动,比如,"高山滑雪培训""攀冰培训"等。随着经济发展和社会进步,各地方的冰雪文化快速发展。各种冰雪方面的活动相继举办,较为具有代表性的有:黑龙江的"国际滑雪节",哈尔滨市的"冰雪节",吉林市的"雾凇节",四川的"南国冰雪节"等,这些冰雪文化活动都有着非常大的影响力。各滑雪场经常举办的区域性滑雪节及庆典活动更是丰富多彩。冰雪体育旅游的日趋活跃,也使得旅游的内容有所充实和丰富,促使大量的爱好者由潜在的旅游者转变成为现实的旅游者,为冰雪体育旅游大添人气。

## (三)能使旅游者身心需要得到满足

冰雪运动置身于雪山峻岭及林海雪原中,深处大自然的怀抱中,白雪皑皑,空气流动清新,阳光明媚,视野开阔,变幻莫测的冬景奇观已经能使旅游者身心得到放松,达到心旷神怡的效果。与此同时,冰雪体育旅游者投身在"银装素裹"之中,与山、与林、与雪融为一体,伴雪共舞,能够对冬季大自然所赋予的无限欢乐有非常充分的体验,对于积滞的烦恼与疲劳的消除是非常有帮助的。

低温的冰雪环境,能使人们勇敢顽强的精神、不惧严寒的意志以及对外界条件的适应能力得到有效锻炼和提升,在全面均衡地锻炼身体的同时,还能对人体的各个方面的素质和身体机能都产生积极的影响,促进新陈代谢,有效防治各种疾病。

### (四)形成新的旅游经济增长点

目前,全世界范围内的现代规模的冰雪场地多达6000多个。滑雪人次超过4亿次,滑雪产业年收入逾700亿美元。尽管我国的冰雪运动发展起步较晚,但是发展势头非常强劲,冰雪体育旅游已经在我国的大部分城市中都有了显著的发展。其中,我国已建成的现代化滑雪场地近300个,自然和人工溜冰场地难以计数,每年到冰雪场地去体验溜冰滑雪的人数已达数百万人次,而且呈逐年上升趋势。滑雪运动所带来的直接和间接的经济效益越来越可观,可以说,冰雪体育旅游成为了旅游产业新的经济增长点。

## 二、冰雪体育旅游项目的分类

### (一)滑雪旅游项目的分类

#### 1. 高山滑雪

高山滑雪,是借助于滑雪板和滑雪杖这些工具,在山坡专设的线路上进行快速回转和滑降的一种雪上竞技项目,这一类型的滑雪运动深受广大滑雪爱好者喜爱。

高山滑雪起源于阿尔卑斯地区,故又称阿尔卑斯滑雪,它是在越野滑雪的基础上发展形成的。目前,高山滑雪运动已经在世界五大洲近百个国家和地区得到普及和发展。

冬奥会高山滑雪比赛共设10个独立小项:男、女全能;男、女滑降;男、女回转;男、女大回转;男、女超级大回转。一般来说,现代高山竞技滑雪列入冬奥会的项目有滑降、回转、大回转、超级大回转4项。

#### 2. 单板滑雪

单板滑雪是一项以一块滑雪板为工具,在规定的山坡线路上快速回转滑降及在特设的 U 形场地内或借助滑坡起跳，在空中完成各种高难动作的雪上竞技项目。单板滑雪运动之所以受到青年大众的喜爱，与其动作的舒展性和刺激性有着非常密切的关系。

单板滑雪目前共有 14 个小项：男、女大回转；男、女平行大回转；男、女 U 形场地单板雪上技巧；男、女 4 人雪道障碍赛；男、女回转；男、女平行回转；男、女单板空中技巧。其中冬奥会比赛项目有 4 项，为前四个。

单板滑雪的两个组成项目的性质是截然不同的，一类是雪上技巧，一类是空中技巧。其中，雪上技巧与高山滑雪相类似，属竞速性质的项目，包括回转、大回转、平行回转、平行大回转及多人雪道障碍赛 5 个项目。空中技巧是在滑行过程中借助雪包或跳台腾起在空中完成各类技巧性动作，属高难度但观赏性超强性质的项目，U 形场地单板空中技巧、跳台空中技巧都属于这一技巧范畴。

3. 越野滑雪

越野滑雪是以滑雪板和滑雪杖为工具，在丘陵起伏的山地沿规定路线滑行的一种雪上竞技运动，这一滑雪项目的优势在于危险性较小，但是也有着显著的缺点，即趣味性欠缺，且体能消耗大，较容易疲劳，这就导致大众对越野滑雪的喜爱程度要低一些。

越野滑雪是滑雪运动中形成最早的项目，是最早被列入冬奥会的雪上项目之一。

冬奥会越野滑雪赛共设 12 个小项：男子短距离、男子 10 公里、男子 15 公里、男子 30 公里追逐、男子 50 公里、男子 4×10 公里接力、女子短距离、女子 5 公里、女子 10 公里、女子 15 公里、女子 30 公里、女子 4×5 公里接力。

4. 自由式滑雪

自由式滑雪所用到的工具主要为滑雪板和滑雪杖，具体是指在专门的场地上通过完成一系列的规定和自选动作而进行的一种雪上竞技项目。

自由滑雪是从高山滑雪中发展而来的。目前,自由式滑雪由空中技巧、双人雪上技巧、多人雪道赛、U形场地技巧、特技滑雪及团体等14个小项组成。

冬奥会自由式滑雪由3个项目组成:男、女空中技巧;男、女雪上技巧;男、女雪上芭蕾。

5. 跳台滑雪

跳台滑雪是运动员穿着特制滑雪板(不持雪杖),沿着跳台倾斜助滑道,下滑至起跳台,借助速度及弹跳力,使身体跃入空中,并沿着抛物线在空中飞行4—5秒后,再滑落于倾斜的山坡上,继续下滑至坡下平地的终点区为止。这项运动通常非常惊险刺激。

跳台滑雪19世纪起源于挪威。1924年跳台滑雪被列为冬奥会项目。

跳台滑雪子项目主要有:个人标准坡度(K90);个人大坡度(K120);团体大坡度。

6. 北欧两项

北欧两项,实际上是一种混合型雪上竞技项目,主要由越野滑雪和跳台滑雪组成。

北欧两项起源于北欧,至今已有一百余年的历史。1924年北欧两项被列为冬奥会项目。

北欧两项的子项目主要有:个人、团体、短距离。

7. 冬季两项

冬季两项所用到的工具主要有滑雪板、滑雪杖和步枪,是在专门线路上滑行一定距离的同时,在指定区域进行射击的一种综合性竞技项目。

20世纪20年代中期,冬季两项诞生于斯堪的纳维亚半岛。1960年,冬季两项成了冬奥会的正式比赛项目。

冬季两项的子项目主要有：男子10公里短距离；男子20公里个人；男子4×7.5公里接力；女子7.5公里；女子15公里；女子4×7.5公里接力。

（二）滑冰旅游项目的分类

1. 速度滑冰

速度滑冰，实际上就是借助冰刀这一工具在冰上进行的一种竞速运动。速度滑冰由16个小项组成的，即男子500米、1000米、1500米、5000米、10000米、全能、短距离全能、团体以及女子500米、1000米、1500米、3000米、5000米、全能、短距离全能、团体等。

2. 短跑道速度滑冰

短跑道速度滑冰被列为冬奥会比赛项目，其包含的子项目主要有：男子500米、1000米及5000米接力；女子500米、1000米及3000米接力。

短跑道速度滑冰是相对于速度滑冰而言的，由于它使用的跑道（111.12米）比速度滑冰的跑道（400米）要短，故称之为短跑道速度滑冰。某种程度上，短跑道速度滑冰是以身体素质、机能能力、技能水平、心理素质、智能能力等条件为基础，以战术运用为灵魂的体能类竞速性的冰上运动项目。

短道速度滑冰具有很强的观赏性。与此同时，经常参加短跑道速度滑冰运动，能够在增强体质的基础上，锻炼意志、改善和提高智能。短跑道速度滑冰未来的发展前景是非常好的。

3. 花样滑冰

花样滑冰，作为滑冰运动的一个分支，实际上就是运动员在冰面上穿着带有冰刀的冰鞋伴随音乐通过做滑行、跳跃、旋转和各种舞姿表演一系列的规定和自选动作而进行的一种冰上竞赛项目。

目前,花样滑冰的正式比赛项目主要有4项,即男、女单人滑,双人滑和冰上舞蹈。

4. 冰球

冰球运动所用到的工具主要有冰刀、冰球杆和冰球,实际上,这是一项以快速多变的滑冰技艺和敏捷娴熟的曲棍球技巧相结合、对抗性较强的集体性项目。

冰球是一项在高速移动中常发生身体接触、激动人心的运动项目。分两队比赛,每队可报名20名运动员,其中3名是守门员。女子冰球队最多由18人组成,包括2名守门员。

5. 冰壶

冰壶,也被称为冰上溜石,实际上是在冰上进行的一种以队为单位的投掷性竞赛项目。冰壶运动14世纪起源于苏格兰。

世界冰壶锦标赛开始于1959年,最初的比赛称为苏格兰杯赛,1968年改为加拿大银扫帚锦标赛,1986年正式定名为世界冰壶锦标赛。冰壶曾4次被列为冬季奥运会的表演项目。1998年在日本长野举行的第18届冬季奥运会上被列为正式比赛项目。

冰壶比赛分为两队,每队由4人组成,比赛共进行10局。比赛的方法是:双方按一垒队员、二垒队员、三垒队员以及主力队员的顺序,先交替各投一次,然后再依次投第二次。比赛结束时,得分多的队将获得胜利。

## 三、我国冰雪体育旅游的协同发展

### (一)我国冰雪体育旅游发展过程中的问题

我国冰雪体育旅游的发展已经有所成就,尤其是在东北地区,但是,仍然存在着一些问题制约着我国冰雪体育旅游的发展进程,大致可以归纳为以下几点。

1. 外部竞争日益激烈

众所周知,由于北京与张家口申办 2022 年冬季奥运会成功,这就使我国的冰雪体育旅游的热度有了一定的提升,很多地区对冰雪体育旅游的重视程度也大大提升,都想抓住本次发展大潮实现地方经济的增长。

当前,随着科学技术的不断发展及其在冰雪运动中也有了更加广泛的应用,冰雪体育旅游项目并不用必须是纯天然的冰雪,人工造雪和造冰就能实现,这也使得东三省独有的旅游资源已经不再是特色项目了。调查发现,我国通过人工造雪和造冰的方式来开设滑雪场和滑冰场的省份越来越多,覆盖面达 30 多个城市。这就对我国冰雪体育旅游市场产生了较大的挑战,从而进一步促使冰雪体育旅游产业的内部竞争激烈程度不断提升,对于那些地域特色并不显著的地区冲击很大。

2. 重复开发现象较为严重

我国地域广阔,不同地域的突出特点是不同的,因此,不同地区在打造冰雪体育旅游项目时,应该将突出亮点作为开发冰雪旅游项目的关键着眼点。但是实际情况是,很多地方为了加快项目投入使用的进程,减少了其设计方面的投入,往往会直接模仿、移植那些已经建造好的滑雪场,甚至完全照搬,这样做就与突出特色的初衷相悖了,从而导致严重的同质化问题。

3. 旅游资源开发的专业规划上较为欠缺

经过多年的发展,冰雪体育旅游的资源已经逐步打破了地域限制,但是,其资源的性质没有发生变化,仍具有有限性、较难开发性的显著特点,除此之外,我国现阶段在这方面普遍缺少专业规划。

由于很多开发者将经济效益作为开发旅游资源的唯一目的,从而导致很多优质旅游资源的开发和利用缺乏合理性,开发的针对性、特色化也没有体现出来。

4. 人才匮乏、目标模糊、宣传不到位

冰雪体育旅游项目的发展情况,还取决于专业的冰雪体育项目人才。人才的匮乏制约了冰雪项目的进一步发展。

由于部分地区存在营销力度偏低的状况,尚未形成清晰、完整的市场目标。

除此之外,宣传营销的力度不够,一定程度上制约甚至阻碍了我国冰雪体育旅游产业整体知名度的提升。

(二)我国冰雪体育旅游的未来发展走向

通过对现代冰雪体育旅游发展现状的分析,可以将其发展趋势大致归纳为以下几点。

1. 整体的产业化发展走向

现代冰雪体育旅游在发展过程中,与很多产业之间都有一定的关联性,对相关产业的发展也会起到一定的推动作用,关系较为紧密的有:交通运输、机械加工、纺织等行业。与此同时,冰雪体育旅游本身的发展与这些行业的促动也有着不可分割的密切联系。

2. 冰雪设施、器材的高科技发展走向

现代科技的进步与经济的发展使体育旅游的冰雪季节与区域延长和扩大,再加上各种冰雪运动形式的不断丰富,如人工造雪、代用雪、室内滑雪场、室内溜冰场等,促使滑雪场设备的专业性和经济程度更高,这也为滑雪器材装备的安全和便捷创造了条件。

3. 消费阶层的更广泛性发展走向

以前的冰雪体育旅游,通常被认为是"有钱人"的运动,现在,冰雪运动已经普及开来,成为全民健身的基本体育项目之一。由此可以预测,未来参与冰雪体育旅游消费的人群还会进一步扩大。

### 4. 丰富性、趣味性的发展走向

冰雪体育旅游活动形式的多样化程度越来越高，新的冰雪活动形式会不断出现，并且会遵循因地而宜、因人而宜的原则，灵活多样，增强趣味性，促进个性的发展，传统的竞技项目的观赏性发展走向越来越明显。

### 5. 冰雪场地的多元化、多功能发展走向

未来的冰雪场地单一功能的情况将会逐渐减弱，向综合性多元化的功能发展，与人们的户外活动、野外生存和定向活动、回归大自然的活动融为一体，成为人们四季强体、健心、度假、休闲的"世外桃源"。

## （三）我国冰雪体育旅游的发展对策

针对我国冰雪体育旅游发展过程中存在的问题，结合未来我国冰雪体育旅游的发展走向，从整体出发，归纳出以下发展对策。

### 1. 提高管理水平，改善软、硬件条件

目前，我国冰雪体育旅游项目在数量上是不断增加的趋势，但是，在发展模式上，基本上还是沿用了之前的传统模式，这与当前冰雪体育旅游项目的发展态势是不相符的，因此，这就要求将冰雪体育项目与相关赛事、运动装备推广以及其他冰雪项目衍生产品有机结合起来，同时，还要关注其与其他产业的融合，在合作中相互促进、相互推动、互惠互利，合作共赢，将一条完整的冰雪体育旅游产业链建立起来，使游客多样化的需求得到满足，同时，也为当地带来更多的旅游收入。

除此之外，冰雪体育旅游基地的管理水平也需要进一步提升，使其软件条件能够得到优化，与此同时，还要不断完善各个冰雪体育旅游基地周边的路线设计、交通情况以及赛事订票等服

务,从而使游客在信息获取、旅游活动方面有更好的体验和感受,这也为该地区冰雪休闲旅游基地的持续性发展奠定了良好的群众基础。

2. 加强专业人才的培养与管理

当前,我国冰雪体育旅游市场已经逐渐壮大起来,因此,对专业人才的需求也越来越大,主要包括专业技术人员和专业管理人员。为保证冰雪体育旅游产业的可持续发展,各地在冰雪体育旅游职业教育方面要进一步加大扶持的力度,对于那些在地域上具有显著优势的学校,更要加大扶持的力度,设置体育旅游方面的相关专业和课程,做好专业人才的培养和培训工作,从整体上提升专业人员的综合素质,不管是营销管理方面,还是专业技术以及服务技能方面,都具有质量和数量双重保障的人才储备,从根本上为冰雪体育旅游产业的可持续发展提供源源不断的动力。

3. 加强宣传,打造当地旅游特色

由于缺乏创意,我国现阶段冰雪体育旅游产业发展中仍然存在着一些不良现象,如抄袭、复制等,导致尽管冰雪体育旅游基地数量多,但基本都大同小异,具有地域特色的非常少,这也就决定了它们未来的发展前景并不乐观,无法实现可持续的发展。为了改变这一现状,也为了使我国冰雪体育旅游产业的多样性得到进一步的提升,应当采取积极的鼓励政策来推动各地区在客观了解自身地理优势的基础上,有效结合地域文化以及经济水平,将具有当地特色的旅游基地建设起来,做好品牌建设,并加大宣传力度,使品牌效应得到优化和提升。

除了上述几方面的对策之外,还要有效进行冰雪体育旅游行业的监管工作,并且要将安全管控作为首要任务,保证冰雪体育旅游产业的安全、稳定发展。

# 第三节　少数民族体育旅游的协同发展

所谓的少数民族体育旅游,就是将少数民族传统体育与旅游相结合的一个综合体,这对于旅游资源和传统体育资源来说,能够有效提升资源的利用率;同时,能够将少数民族传统体育文化和旅游文化都充分体现出来,对于人类文化的进一步挖掘和开发也具有显著的意义,这也是现代旅游发展的一个重要方向。

## 一、少数民族体育旅游资源的类型划分

目前,关于少数民族体育旅游的分类,意见还没有形成统一,其中,较为常见的有这样几种。

第一种以地区为依据,少数民族体育旅游资源的类型有东北地区、西北地区、西南地区、中原地区、长江中下游地区、东南沿海地区、岭南地区等少数民族体育旅游。

第二种以少数民族体育旅游的主题为依据,少数民族体育旅游资源类型有六种,即纪念型、经济型、竞技型、狂欢型、社交型和综合型。

第三种以少数民族体育文化结构为依据,少数民族体育旅游的类型有三种,即物质资源、制度资源和精神资源。

第四种以民俗学对民俗内容的分法为依据,下面就对这种类型划分的方法加以分析。

### (一)生产劳动中的民族体育旅游资源

人类之所以能够生存下来,并发展至今,都是在生产劳动的基础上实现的,可以说,体育活动就是在生产劳动中发源而来的。通过对少数民族体育的发展历程的分析和研究发现,那些具有民族特色的民族体育活动,几乎是在生产劳动中产生、发展、演变

的,并且经过不断的发展,逐渐成为传统项目或竞技项目,深得群众喜爱。

一般的,少数民族生活的地域通常是在高山峡谷、崇山峻岭、密林深处的,他们的经济形式主要为农业,在这样的环境中,具有山地民族特色的各类体育活动就逐渐形成,这也是少数民族传统体育的显著特点。

(二)民族艺术中的体育旅游资源

我国最早的体育娱乐活动当属原始的狩猎歌舞。少数民族的各种体育娱乐和竞赛活动中,几乎都包含着音乐这一重要因素。体育活动和音乐活动往往融为一体,在很多活动中得以体现。

原始舞蹈与体育活动之间的联系是非常密切的,少数民族受社会发展状况与生存环境条件的制约,他们的体育活动和舞蹈还保持着一种早期的亲密关系。基于这种亲密关系的存在,少数民族体育比赛的观赏价值要高于其他体育比赛。

少数民族体育项目的类型和数量都是比较多的,其中,载歌载舞的项目占到重要的一部分,这部分项目的展示所借助的通常是生动的具体形象,以此来反映出社会生活和对自然界的理解、情感、愿望和意志。比如,举办敖包节、庙会等宗教节日时,都会举办各种各样的少数民族体育节目,典型的如摔跤、赛马、射箭、叼羊等,这些都成为少数民族节日中的重要文化活动内容。

(三)依附地理环境的民族体育旅游资源

依附地理环境的民族体育旅游资源,主要有四种类型,即山地民族传统体育、草原民族传统体育、北国冰雪民族传统体育、南国水乡民族传统体育。其少数民族体育的特点由其所处的地理环境也能反映出来,具有显著的地域性特征。

## 二、少数民族体育旅游资源的分布特征

少数民族体育旅游资源的分布特征,与少数民族的分布有着一定的联系,具体来说,可以归纳为以下几点。

### (一)"大杂居小聚居"

我国共有56个民族,除了汉族,少数民族有55个。从总体上来说,各个民族呈现出了以多民族大杂居小聚居形态生存的"混居"状态。民族传统体育是民族传统文化的体现,也是其承载体,各民族之间存在着"混居""大杂居"的状态,也决定了民族体育项目"大杂居"的显著特征。

"小聚居"是相对"大杂居"而言的,民族传统体育项目"小聚居"特征主要从项目地域分布相对比较集中,项目的地域性特征突出方面得到体现。

### (二)资源集中在经济相对落后地区

民族体育项目是在各自不同的区域中,在自然因素、历史因素等的不断影响下而逐渐形成的,能够反映该区域、该民族特色的事物。一般来说,少数民族所处区域的经济发展水平和社会事业发展程度都是比较低的,这也就决定了其与经济发展水平较高、社会事业发展先进的东部沿海地区相比,有着较大的差距;民族体育项目所处地区的贫困问题仍然较为显著,除此之外,较为突出的问题还包括基础设施严重落后,产业发展薄弱,人力资源开发滞后,城市化进程缓慢,生态环境不容乐观等。

### (三)民族交融性

由于各民族文化交流与发展的背景是有所差别的,同一项目在不同民族间逐渐实现了相互之间的交融。目前,很多民族体育

项目的内容并不是本民族传承下来的原始状态,而是来自不同民族文化整合之后的结果,换句话说,就是通过对不同民族文化的吸收,而逐渐形成的多民族共有的传统文化。我国民族众多,并且是大杂居的分布状态,很多民族之间的差异化并不显著,存在着很多共通的东西,因此,这些民族中所产生的民族体育项目也会在某些民族之间具有相似性或共通性,这也一定程度上反映出了该项目的多民族特点相互融合的结果,已成为中华民族所热爱的共有的文化遗产。

少数民族的文化内涵不断丰富和充实,文化形式也越来越多样,这与对汉族及其他少数民族的优秀文化的吸收有着非常密切的联系,再加上长期采用相同的生产方式,相同的自然环境,许多少数民族传统体育项目成为多民族所共有,同时也不可避免地将本民族的某些特点融合了进去。这也将民族体育项目民族交融性和融合性的显著特点体现了出来。

(四)地域和环境的依附性

各民族的生存和发展都是在一定的地域和环境下才能进行的,是非常重要的外部条件和生存空间,各民族生活的地理环境是各不相同的,在对环境的适应和改造过程中,创造出的文化也是各具特色的。

自然地域环境的差异性是各民族传统体育差异化最有力的佐证。因此,千姿百态、纷繁复杂的少数民族体育从其由来与表现特征都带有典型的地理环境差异性,即地域性特征,这点是毋庸置疑的。

### 三、少数民族体育旅游发展中存在的问题

少数民族体育旅游的发展已经取得了一定的成效,在体育旅游的总体中占据了重要位置,并且发展前景非常好,但是,这些都不能掩盖其发展过程中仍然存在的一些问题,这些问题亟须解

决,否则,还是会对少数民族体育旅游的发展产生制约作用。

(一)没有突出少数民族体育旅游的特色

从很多景区的项目设置来看,大多比较雷同,且有抄袭之嫌,缺乏精品,品位及档次都不够,文化内涵的挖掘不够。

当前,很多少数民族体育旅游的景区是大致相同的,比如,东北地区,很多地区都是开展滑雪、滑冰等运动项目,但是,少数民族体育旅游方面的开发却较为欠缺,存在着较大的短板,具有少数民族特色的体育旅游项目在数量上是非常少的,且体育旅游特色项目非常欠缺,民族体育旅游发展的广度和深度都不甚理想。因此,这就非常有必要将这些地区的体育资源加入体育旅游,形成具有民族特色的体育旅游。

从项目质量来看,在开发与利用的程度上还有待进一步提升,急功近利、管理粗放和盲目发展的问题仍普遍存在。很多地区都有丰富的历史文化古迹、文化遗址等资源,这些都为体育旅游的开发提供了重要的条件。

(二)体育旅游专业人才存在较大缺口

由于我国体育旅游事业已经呈现出不断发展和逐渐完善的态势,这就更加反映出了体育旅游专业人员不足的问题,调查发现,当前体育旅游专业人才不足,是普遍存在的一个显著问题,同时,从业人员大多资质不够、精力不足的问题也普遍存在。因此,对于体育旅游行业的发展来说,培养一大批体育旅游专业人员是首要任务,是非常重要的一个环节。

从体育旅游运动项目的设置方面来看,由于专职人员较为欠缺,从业人员大多为兼职,且进行组织、讲解及表演的人员专业水平较低,这些从业人员主要是从村寨里临时招聘的,仅进行短期训练后就匆忙上岗,这就导致了体育旅游的开展过程中总会出现这样或者那样的问题,制约甚至阻碍了体育旅游的顺畅发展,同时,也对民族体育的观赏价值和艺术价值,以及少数民族体育旅游的发展都产生了不利的影响。因此,培养和发展一大批体育旅游专业人才刻不容缓。

（三）少数民族体育项目减弱

当下,我国的经济发展水平、人们的物质生活水平都有了大幅度的提升,参与到体育旅游中的爱好者也呈现出逐年增多的趋势,按照这一发展趋向,少数民族体育的发展也应呈现出上升的发展趋势,但是,实际情况却与预想的有很大的出入。相反地,少数民族体育项目正在呈现出不断减弱的发展趋势。

导致这一情况发生的原因是多方面的。一方面是经济全球化以及外来文化的不断入侵,这一外部环境的改变,使得少数民族体育较难在独善其身的基础上有所发展,可以说,这是我国少数民族体育项目以及文化发展的重要影响因素。另一方面是,近年来,政府以及相关部门对少数民族体育的关注程度不够,当下,在少数民族体育发展的投入上比较少,发展的先进程度也参差不齐,并且较为落后的要占较大的比重,很多少数民族体育项目会由于地域、历史、观念差异等方面的原因而导致开展的范围仅限于本民族,这也导致了很多少数民族体育项目开始面临失传的局面,只有一些老人还有这方面的知识和经验,而很少有年轻人愿意去学习和掌握这些项目了。

通过对上述内容的分析可以得知,大多数民族体育项目并没有向大众开放,因此,普及程度还相对比较低,大众对这方面没有较高的关注度,这也是少数民族体育项目不仅没有得到高速发展,反而在发展上逐渐走低的重要原因。与此同时,由于我国城市化进程的速度不断加快,去城市打工的人在数量上不断上升,能够安于少数民族居住地生活、工作,并且愿意去深入研究少数民族体育的原住民越来越少,这也是当前少数民族体育项目发展所面临的一个重大制约问题,亟须解决。

## (四)少数民族体育资源开发欠缺科学性

调查发现,少数民族体育旅游作为民族风情的一个项目,其在旅游活动中所处的位置,只是一个表演节目穿插其中,或是作为附属节目,没有将少数民族体育旅游的重要性体现出来。同时,旅游目的地方对少数民族体育的认识存在较大的不足,对其显著的竞技价值也没有充分的了解与认识,因此,并没有将此作为民族旅游的单独项目进行开发和发展,更没有从社会化、产业化的高度进行开发与利用。这是少数民族体育资源开发欠缺科学性的一个重要体现。

另外,近年来,尽管体育旅游已经得到了显著发展,并且形成了一定的规模,但是,少数民族体育资源开发不均衡的问题仍然存在。这也影响到了其科学化开发和发展的进行。

## (五)知名度有待提升,宣传工作不到位

从全国范围来看,我国的旅游资源是非常充沛的,经过多年的发展,也逐渐积累了大量举办体育旅游活动的经验。尽管如此,大部分的体育旅游发展的知名度还是相对比较低,导致这一现象的主要原因是缺乏系统有效的宣传活动。调查发现,一方面,很多景区不重视对少数民族体育旅游的宣传,没有充分利用多种途径进行宣传,也就没法扩大少数民族体育旅游的知名度。另一方面,民族传统体育主要是以家庭的形式来逐渐传承下来的,有些少数民族体育比赛是表演形式,与当下主流体育文化间具有一定差距,且因为传统民族体育极具区域特征,也很难被其他地区游客接受,这就导致少数民族相关的传统体育在宣传上做得很不到位,很难起到很大的宣传效果,所引起的关注度也非常有限。由此可以看出,要想提升少数民族体育旅游项目的知名度,加大宣传力度是主要途径之一。

## (六)旅游黄金周开发不足

调查发现,少数民族体育项目的开展,在旅游淡季和旅游黄金周之间的差别并不大,也就是说,旅游黄金周也没有将少数民族体育项目的发展带动起来,在经济效益和社会效益方面都不理想,这就导致少数民族体育旅游资源呈现出浪费的情况。

导致这一现象的主要原因在于以下几点。主办方的组织形式方面,主要为民间自发组织,这些组织在经济实力、组织能力、运作能力和策划水平等方面都有着较大的局限性,从而大大限制了少数民族体育活动的观赏性和影响力,少数民族体育活动的良好发展也会因此受到影响。除此之外,组织民族体育活动的主办单位所处的城市级别越高,其规模就越大,其带来的游客量也就越大。由此可以得知,要想将更多的游客吸引过来,就必须由具有相当实力的主办方举办民族体育运动,这一点是至关重要的。

## (七)还未形成体育旅游产业的完整产业链

对于不同区域的体育旅游产业的发展来说,其都能将当地的地域优势、自然环境特点以及特有的特色项目体现出来,比如,东北地区的冰雪体育旅游项目;南方地区的漂流、冲浪等体育旅游项目等,这些都对当地旅游业的飞速发展起到积极的促进作用。

体育旅游涉及旅游、食品、交通、住宿、娱乐和购物等一系列过程。但是这一系列过程中的有效链接与串联还没有产生,这就导致少数民族体育旅游完整的产业链还没有正式形成,这也在一定程度上制约了少数民族体育旅游的进一步发展。

**四、少数民族体育旅游发展的应对策略**

通过对当前少数民族体育旅游发展中存在的问题进行分析,可以得知,我国的少数民族体育旅游的制约因素仍然比较多,这就要采取科学的应对策略,来有效解决这些问题,从而有效促进少数民族体育旅游的进一步发展。具体的应对策略有以下几点。

## （一）要对发展的重要性有充分的认识

认识决定高度，思路决定出路。要想进一步发展少数民族体育旅游，转变观念、提高认识，是首先要做的最为重要的事情。

受历史、地理等诸多因素的影响，很多少数民族地区的经济、文化还是相对比较落后的，因此，少数民族体育的发展，并不是短期的事情，是需要经过长期的过程才能逐渐实现的，有着显著的艰巨性特点。

一方面，从经济发展的角度来看，各地之间存在着显著的不平衡性，经济发展相对落后的地区，会制约甚至阻碍当地少数民族体育旅游的发展；而经济发展较为先进的地区，则能有效推动少数民族体育旅游的发展。由此可见，经济作为民族体育旅游发展的影响因素，具有非常重要的基础性作用，经济发展会直接影响到体育旅游的发展。

另一方面，由于受到不同地区地理位置及历史的因素的影响，部分地区教育文化水平偏低，专业人才匮乏，产业化意识薄弱等都对体育旅游的发展产生制约作用。因此，必须对当前所面临的困难有清醒的认识，同时，还要对少数民族体育运动发展的长期性及艰巨性，以及广阔的发展前景有充分的认识，在此基础上，谋求发展的新路子，树立坚强的信心和决心。

## （二）确定经营理念，做好品牌建设工作

体育旅游可持续发展的众多条件中，起到保证作用的条件之一是体育旅游品牌的创建，明确经营理念，打造自己的少数民族体育旅游品牌。

少数民族体育旅游的发展，某种程度上，可以借助的切入点有很多，比如，少数民族民间文化、歌舞表演、家庭生活体验、特色美食、传统体育项目等。同时，还要注意深入思考，将少数民族体

育旅游品牌打造出来。

## （三）做好人才的引进、培养与培训工作

人才在所有事物的发展中都是关键性的因素，对于少数民族体育旅游的发展来说也是如此。要想进一步推动少数民族传统体育旅游的发展，加强专业人才的培养是重要途径。故此，高度重视少数民族体育旅游专业人才的引进、培养和培训工作至关重要。

### 1. 人才引进方面

人才引进的途径主要有两个方面，一方面是各大高校。高校可以根据自身的情况，开设一些少数民族体育旅游相关的专业或者课程，对专业人才进行定向培养。

同时，还可以以发展的需要为依据，通过高校，积极引进专业化人才，将此充实到民族体育旅游发展的队伍中来，使人才队伍不断扩大，使队伍的稳定性得到保证。另一方面是外地引入。通过人才市场，根据需要从外地积极地引进专业人才，从而使少数民族体育人才队伍的稳定性得到保证。

### 2. 人才培养与培训方面

人才的培养与培训，主要是针对本地专业人才来说的。要立足本地民族人才资源，首先对本地的人才资源进行大力挖掘，将这一潜力尽可能开发出来，同时，还要建立人才资源库，其中除了专业人才外，还包含了各种民间体育艺人、能人等。除此之外，少数民族体育旅游的管理也至关重要，因此，管理方面人才的培养与培训也不可忽视，创造良好的学习和培训机会，从而为少数民族体育旅游的长远发展和可持续发展创造良好的条件。

除此之外，还要建立科学的人才培养机制，制定长期人才培养计划和方案，从而为少数民族体育旅游发展提供人才支撑。

## （四）增加少数民族体育体验项目

应根据不同民族体育项目设置相应的体育场馆。在休闲场所，要将娱乐性特点充分体现出来，进一步扩大人们的接受范围，鼓励人们能够积极参与到少数民族体育项目的体验活动中。

在运动体验型场所，竞技性是非常突出的特点之一，其能够有效增强少数民族体育运动的魅力和趣味，使运动体验更加丰富，通过少数民族体育赛事的举办，能够让大家可以亲身观看这些具有少数民族特色的体育比赛。不管体育旅游场所的具体类型是什么样的，加强对民族传统体育文化的推广，创造特色旅游，都是非常重要且必要的。

## （五）加大少数民族体育资源的开发、挖掘、整理力度

要对保持完好原始风貌的民族聚居地进行全面的了解和调查，加大对这些地区的保护力度，对各种富有特色的少数民族体育旅游资源进行深入挖掘，开发力度要适当加大，与此同时，对原始素材的收集也要有所加强，使这些少数民族体育旅游项目不断得到系统的整理，使其发展的完善程度有所提升。

在确定下来少数民族体育旅游资源的民族特色之后，还要使其与现代人的特点和需求相适应，这主要涉及到审美理念、文化观念及价值取向等方面。在世界旅游发展的带动下，未来的少数民族体育旅游，其显著发展趋势之一，就是向国际化发展。因为只有顺应其发展的趋势，少数民族体育旅游事业才能够始终充满着生机与活力，才能有持续性的发展，从而在社会化和产业化的道路上得到更快的发展。

## （六）借助宣传提高知名度，提升体育旅游品牌

少数民族体育旅游要想获得更好的发展，加大宣传力度，扩大开放是非常重要的途径之一。首先，要对市场发展规律进行全

方位的掌握,同时,要不断扩大开放,切实全面做好体育改革,从而对少数民族体育旅游事业的发展起到促进作用。其次,要积极引入先进的管理经验、技术和专业人才,同时,在管理模式和技术上也要不断完善和优化,以保证良好的发展成效。最后,在宣传方面也要做好相关工作,创新宣传方式,采用影视媒体、网络、报刊、流动广告、固定广告等全方面、多渠道、立体化、多途径、多场地的宣传方式,使民族体育文化的独特魅力得到更好的体现和彰显,从而吸引更多的人参与到民族体育活动中来。

品牌建设,对于少数民族传统体育的发展来说也是至关重要的,因此,就应该将现有的体育旅游资源以及旅游的相关设施充分利用起来,同时,要借助于少数民族传统体育项目这一重要内容和形式,来使体育旅游得到广泛开展,以此来大大提升少数民族体育旅游的知名度,这也会对少数民族传统体育旅游的发展起到积极的促进作用。走绿色、科学、可持续的发展道路,实施品牌战略,树立品牌形象,提升市场竞争力。让少数民族体育旅游品牌深入人心,逐渐走出国门,走向世界,让越来越多的人了解并认识少数民族体育旅游,这对于提升体育旅游在国内外的竞争力,促进当地经济发展都是非常有利的。

(七)将各地优势充分发挥出来,形成特色

对于少数民族体育旅游来说,其要获得良好的发展,充分发挥自身的优势,形成鲜明的特色,是非常有效的一个途径。具体可以从以下几个方面着手。

首先,要将国家政策优势充分利用起来。我国对于少数民族地区的发展有一系列的优惠政策,只要抓住机遇,乘势而上,就能够对少数民族体育旅游的发展产生促进作用。

其次,要将基础优势充分发挥出来。经过长期的发展,少数民族体育旅游的基础已经得到累积。在这样的情况下,就要对各个重点项目都进行有效把握,形成鲜明的特色,通过以点带面,将重要旅游点的辐射带动作用充分发挥出来。

最后，要紧紧抓住《全民健身计划纲要》的实施机遇，为少数民族体育运动的开展提供必要的助推力，通过积极引导，使越来越多的人们能够积极主动地参与到少数民族体育运动中。同时，能够为少数民族体育旅游的发展培养更多的专业人才。

（八）推动少数民族体育旅游社会化进程

少数民族体育旅游事业要想做大做强，就必须大力从社会化的角度入手，将少数民族体育旅游产业融合到社会生活的多个领域中。① 从供给对象、管理、场所设施和资金筹集的社会化，来对少数民族体育旅游的社会化进程提供有效的助推力。

（九）加强"体育+旅游"的融合，完善服务配套设施

目前，我国在综合旅游场所建设、服务体系以及各种配套旅游产品方面是较为欠缺的，因此，这些方面还有待进一步开发，应将体育旅游、娱乐、休闲、购物、餐饮、住宿等融为一体。在旅游设施生产行业，相关设备制造业，体育项目业务、装备器具制造业以及围绕旅游业务的房地产业、娱乐业、餐营业、金融业、信息产业、基础交通运输业以及其他产业链，加强关注相关工业以及整体体系工作。②

除此之外，做好旅游景点配套设施的建设工作也是少数民族体育旅游发展不可或缺的重要工作之一，因为这是景区质量的一个重要体现。

---

① 罗英梅.少数民族体育旅游的困境与出路研究[J].旅游纵览（下半月），2016(02)：191-192+195.
② 孙立艳.吉林省少数民族体育旅游发展策略研究[D].吉林大学，2019.

# 第八章 个案分析——宁夏沿黄生态经济带体育旅游产业协同管理的反思与展望

宁夏沿黄生态经济带是宁夏经济发展的核心区和精华地带,在整个宁夏地区经济发展和生态发展格局中占有非常重要的地位。沿黄生态经济带拥有丰富的旅游资源,依托这一地区种类多样、内容丰富的特色旅游资源开发体育旅游项目,推动体育与旅游产业的融合及协同发展,并加强协同管理,对于促进宁夏地区体育旅游产业及生态经济的发展具有重要意义。本章重点就宁夏沿黄生态经济带体育旅游产业的协同管理展开探索,首先分析宁夏旅游资源的分布、开发及发展情况,然后重点分析研究宁夏沿黄生态经济带体育旅游协同管理的现状、问题及策略。

## 第一节 宁夏体育旅游资源的现状分析

### 一、宁夏体育旅游资源类型分析

整体来看,体育旅游资源可分为自然体育旅游资源和人文体育旅游资源。其中,自然体育旅游资源又可以细分为地文体育旅游资源和水域体育旅游资源;人文体育旅游资源又可细分为历史文化体育旅游资源、场馆建筑体育旅游资源、红色体育旅游资源和少数民族体育旅游资源四类。宁夏位于我国的几何中心,不沿边不靠海,但是它仍然有其得天独厚的地理和人文旅游资源。

宁夏川,两头尖,怀抱黄河,背靠贺兰山,拥有得天独厚的自然体育旅游资源。

宁夏拥有良好的水域体育旅游资源:"天下黄河富宁夏,塞上江南鱼米乡",自四万年前开始,宁夏地区就有人类开始在水洞沟一带繁衍生息;自秦汉开始,宁夏地区的先民就开始依黄河而生存,依黄河而发展,修建了秦渠、汉渠、唐渠等水利工程,便利的水利资源孕育出"塞上江南"的自然美景,形成了"黄沙古渡""黄河大峡谷""鸣翠湖""宝湖""月牙湖""南湖"等丰富的水域旅游资源。以这些水域旅游资源为依托,已经开发出划船、划水、游泳、垂钓、快艇、漂流、黄河索道、赛龙舟、滑雪、滑冰等一系列体育活动。

宁夏拥有独特的地文体育旅游资源:除了奔腾的黄河,宁夏拥有苍茫的沙丘,雄伟的山脉,连片的绿洲。来到宁夏,既可以领略江南的水乡美景,也可以享受粗犷的西北风光。如"沙坡头""腾格里沙漠湿地""金沙岛旅游区"等一系列以"沙"为特色的旅游景区,"贺兰山国家森林公园""六盘山国家森林公园""滚钟口"等一系列主打"名山大川"的旅游景区。以一些地文旅游资源为依托,已经开发出沙漠野营、沙漠徒步、沙漠越野、沙漠铁人三项、滑沙、沙漠赛驼、沙漠排球、登山、骑马、攀岩、森林探险、滑草等形式多样的系列体育活动。

宁夏的省会城市银川更是水域体育旅游资源与地文体育旅游资源完美结合的典范。由于黄河进入宁夏后,流速变缓,上游带来的泥沙不断沉积,形成冲积平原,因此银川凭借其"湖在城中、城在湖中、城水相依、和谐秀美","秀美的湖光景色融于粗犷的北国风光,不是江南,胜似江南"的独特风景获得了首批"国际湿地城市"的称号。目前,全市湿地面积为 5.31 万公顷,其中湖泊湿地 0.97 万公顷、河流湿地 2.17 万公顷、沼泽湿地 0.43 万公顷、库塘人工湿地 1.74 万公顷。有自然湖泊、沼泽湿地近 200 个,其中面积在 100 公顷以上的湖泊、沼泽 20 多个,拥有国家湿地公园5处、自治区级湿地公园6处,市级湿地公园8处,市区的湿地率达到10.65%,湿地保护率达到了78.5%。同时这里也是中国西部以及东亚—澳大利西亚鸟类重要的迁徙路线和栖息繁殖地,湿地野生鸟类共有239种,其中:国家Ⅰ级保护动物有黑鹳、中华秋沙鸭、白尾海雕、小鸨、大鸨5种,国家Ⅱ级保护动物有大天鹅等19种。这种沙漠与绿洲并存、山水交融的独特风景为宁夏地区的特色体育旅游项目的开展提供了得天独厚的地理资源。

表8-1为宁夏地区的主要自然旅游资源及其开展的主要体育活动。

表8-1 宁夏主要自然旅游资源及其开展的体育项目

| 类型 | 旅游景点名称 | 开展体育项目 |
| --- | --- | --- |
| 水域体育旅游资源 | 宁夏沙湖、宁夏黄沙古渡、银川鸣翠湖、银川永宁鹤泉湖、宁夏避暑山庄罗家园、银川白芨滩、固原盐湖、固原党家盆堪湖、固原朝那湫渊、固原北联灵湫、固原胭脂峡、固原泾源六盘山老龙潭 | 垂钓、水上行车、快艇环岛游、冲锋舟、羊皮筏漂流、黄河索道、黄河古渡、水上娱乐、水上飞机、游泳、赛龙舟滑雪、滑冰、冰球、冰上游戏、冰上滑船、雪地足球、雪橇、冰上龙舟、空中滑翔、跳伞、直升机飞翔、空中缆车、旅行漂流 |
| 地文体育旅游资源 | 中卫沙坡头、银川通湖草原、银川马兰花大草原、宁夏六盘山国家森林公园、苏峪口国家森林公园、宁夏火石寨国家森林公园、宁夏花马寺国家森林公园、银川贺兰山岩画、宁夏青铜峡牛首山、宁夏北武当、银川贺兰山滚钟口、固原九龙山、固原五峰山、固原东岳山、固原凉天峡、固原堡子山、固原南华山、固原灯盖山、固原白象山、固原月亮山 | 登山、森林探险、定向越野、滑草、山地自行车越野、蹦极、攀崖、峡谷间滑索、骑马、沙漠野营、沙漠高尔夫、沙漠角力、沙漠拔河、堆沙、沙地羽毛球、沙漠沙包战、滑沙、登沙、沙漠赛驼、沙漠排球、沙漠足球、沙漠田径、沙漠滑翔、沙漠彩弹游戏、拉沙橇、沙海泛舟、沙漠卡丁车、沙漠汽车越野拉力赛、沙漠铁人三项、沙漠定向越野、拓展训练、沙漠探险、沙漠赛马、沙漠徒步 |

宁夏不仅积极投身于日新月异的现代化建设之中,而且坚持实行对外开放政策,在长久发展过程中形成了具有地域特色的人文体育文化旅游资源。

由于宁夏独特的地理位置,黄河沿线孕育了得天独厚的宁夏历史文化,宁夏拥有丰富的历史文化体育旅游资源,主要包括为以西夏文化为中心的历史文化体育旅游资源,以古韦州八景遗址、罗山片区为核心的韦州历史文化体育旅游资源,以军事要塞固原为中心的军事历史文化体育旅游资源。

(1)黄河文化特色体育旅游资源:"天下黄河富宁夏",黄河滋养了宁夏人民,也滋养形成了宁夏独具特色的文明。公元1038年党项人李元昊在此建立了西夏王朝,并以兴庆府(今银川)为政治核心,将其政治、经济、文化、军事等进一步发展到宁夏全境,也为今天的宁夏地区留下了浓墨重彩的历史文化财富。黄河文化和西夏文化彼此交织,形成了包括中华黄河坛、黄河楼、黄河大峡谷、黄河外滩、西夏王陵、承天寺塔、拜寺沟方塔、拜寺口双塔、贺兰宏佛塔、一百零八塔、海宝塔、康济寺塔等丰富多彩的特色旅游资源。以此为依托,开发形成了包括黄河索道、黄河古渡、水上飞机、赛龙舟、游泳、羊皮筏漂流、徒步等一系列体育旅游项目。

(2)韦州历史文化体育旅游资源:著名的韦州古城兴建于西夏王朝时期,其始建于1140年,于1193年建成,共历时53年,著名的康济寺塔就位于韦州古城内。公元1378年,明洪武皇帝朱元璋第十六子庆王朱㮵就藩于宁夏,兴建了庆王府,其后世子孙世袭罔替。明治十三年在韦州古城以东兴建韦州新城,称为"东城",庆王府就坐落在东城之内,庆王陵寝便依罗山东麓而建,目前已发现庆王陵寝三十余座,具有极为丰富的考古价值和历史文化体育旅游价值。而与"东城"相对的韦州古城便称之为"西城"。目前我们提到的韦州城便是"东城"和"西城"的总称。依据韦州古城的历史文化底蕴,已经开发出研学、历史游、踏脚、木球、下方棋、拔腰、掼牛、武术等民俗体育项目,即将开发低空旅游飞行、骑射、赛马等多种多样的体育活动。

(3)古军事文化体育旅游资源:军事要塞发展首先要介绍固原。固原位于宁夏的南部,处于清水河上游西岸、六盘山麓东北,有形胜之称,"据八郡之肩背,绾三镇之要膂","左控五原,右带兰会,黄河绕北,崆峒阻南",是古代丝绸之路东段北道上的咽喉要地,是东进关中,西去河西,北往河套的交通枢纽,是古代重要的军事要地。而在固原城新城和老城之间,有一座风景优美秀丽,地形易守难攻的山岭,名曰"古雁岭"。其独特的地势条件以及秀美的自然风光,不失为一处旅游胜地。宁夏以此为依托,结合古军事文化特色,开发了特种训练基地,让青少年匍匐穿越、攀爬网墙,以此感受历史文化,战胜恐惧,锻炼意志,不仅是青少年的爱国主义革命基地,也是回忆古代军事文化的圣地。

以"六盘山红军长城景区"为中心的红色体育旅游资源:"峰高华岳三千丈,险居秦关二百重",六盘山作为我国最年轻的山脉之一,古时又称陇山。这样一座名山自古受到王侯将相的青睐,最早在秦始皇时期,秦始皇就有出巡六盘山进行祭祀的记录;汉朝时期,汉武帝为了加强西北地区的军事建设,也曾登顶六盘山;世界上杰出的政治家、军事家成吉思汗也与六盘山有着很深的渊源,在计划攻金伐宋期间也曾在六盘山进行关键的军事决策。近代时期,六盘山成为红军长征途中最后一座大山。1935年红军第一方面军在毛泽东、周恩来、彭德怀的带领下翻越了这座大山,打通了进军陕北革命根据地的最后通道;毛泽东登顶六盘山后一方面纪念红军长征的艰苦,一方面又纪念革命的胜利,写下了经典名篇《清平乐·六盘山》。纪念红军长征50周年时在六盘山山顶修建了六盘山红军长征纪念亭,69周年时对其扩建形成了六盘山红军长征纪念馆,并刻上了《清平乐·六盘山》。六盘山的革命精神就如同长征精神一样,鼓励着一代又一代六盘山儿女投入到祖国的改革开放建设中来。以红军长征纪念馆为中心,已经开发出毅行、攀爬、历史游等体育旅游项目。

以多民族为特色的少数民族体育旅游资源:千百年来多民族人民在宁夏这片富饶的土地上繁衍生息,并孕育出了独特的文化,其中传承下来的传统体育项目有武术、摔跤等。全区以这些文化资源为依托,在现有的旅游区已经开发出踏脚、木球、下方棋、拔腰、掼牛、武术等民俗体育项目,以及礼拜体验、民俗花儿歌舞欣赏、少数民族商贸街游玩、少数民族历史品读、学者讲学等一系列文化体育活动。

形式多样的场馆建筑体育旅游资源：宁夏地区将本地建筑特色与中国传统建筑特色相结合，开发了一系列场馆建筑体育旅游资源，其中：专门体育场有银川贺兰山体育场、黄河体育馆、宁夏体育馆、贺兰体育馆、湖滨体育馆、银川体育馆、贺兰县体育中心、宁夏亲水体育中心等；文化活动场有银川市花博园各展馆、银川舰纪念馆、石嘴山博物馆、黄河博物馆（黄河宫）、宁夏大剧院、固原市群众艺术馆等；综合活动中心有石嘴山市文化艺术中心、吴忠文化中心、中卫市五馆一中心、银川会展中心、国际交流中心等。其中以贺兰山体育馆为代表的大型体育场馆经常举办形式丰富的体育赛事，如全国马术趣味赛、全国足球协会乙级联赛、自治区少数民族传统体育运动会等，这些赛事更为银川市注入年轻鲜活的血液。此外，宁夏以其丰富多样的建筑体育旅游资源为依托，先后开发出国际马拉松、各种友谊联赛、国防互动、水上项目体验等一系列体育活动，丰富了当地人民的体育文化生活。

**二、宁夏体育旅游资源布局特征分析**

基于现有的体育旅游资源，根据《宁夏回族自治区空间规划》，如图 8-1 所示，我区形成了"一核、两带、三廊、七板块"的体育旅游资源布局特征：

一核：以宁夏回族自治区首府银川为核心，提供全区体育旅游集散服务。

两带：以黄河金岸体育旅游带为依托，发展中华黄河坛、黄河楼、黄河大峡谷等景区开发水域体育旅游资源，发展沙坡头、金沙岛、庙山湖等景区开发一系列独具特色的地文体育旅游资源；以古城历史文化体育旅游带为中心，保护为主发展以原州、韦州、灵州等历史文化古城开发历史文化体育旅游资源和少数民族体育旅游资源。

三廊：包括贺兰山东麓葡萄文化旅游廊道、清水河流域体育旅游廊道、古军事文化体育旅游廊道。其中重点发展六盘山国家森林公园为依托的红色体育旅游资源、地文体育旅游资源；以水洞沟景区、古长城遗址为依托的历史文化体育旅游资源。

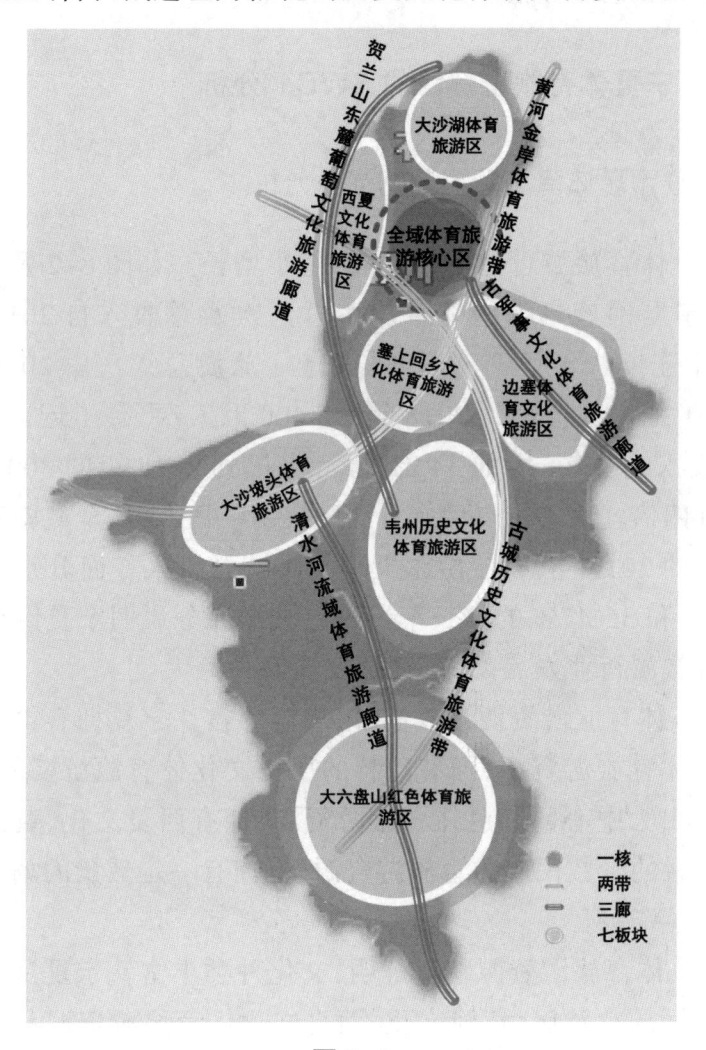

**图 8-1**

七板块：发展以大沙湖度假休闲板块为依托的水域体育旅游资源，西夏文化板块为依托的地文体育旅游资源、历史文化体育旅游资源，以塞上体验板块为依托的少数民族体育旅游资源，以东部边塞板块为依托的红色体育旅游资源，以大沙坡头度假休闲板块为依托的水域地文综合体育旅游资源,以韦州历史文化板块为依托的历史文化体育旅游资源,以大六盘红色生态旅游板块为依托的红色体育旅游资源。

### 三、宁夏体育旅游资源的 SWOT 分析

（一）宁夏体育旅游资源的优势分析

（1）体育旅游行业不断发展,稳步增长。如图 8-2 及图 8-3 所示,宁夏回族自治区体育旅游总人次及总收入自 2011 年至 2018 年连续八年呈现高速增长态势：旅游总人次由 2011 年的 1169.61 万人次增长到 2018 年的 3400 万人次,翻了近三倍；旅游总收入由 2011 年的 84.21 亿元增长到 2018 年的 300 亿元,翻了近四倍。而在宁夏回族自治区提出"十三五"全域旅游发展规划后的 2017 年,在旅游总人次和旅游总收入方面分别取得了 44.33% 和 35.47% 的增长率。这些数据充分说明宁夏回族自治区体育旅游行业发展态势良好,发展潜力巨大。

（2）体育旅游资源形式多样,内容丰富。宁夏拥有得天独厚的自然体育旅游资源,拥有独特的历史文化体育旅游资源,拥有以六盘山为中心的红色体育旅游资源,拥有西夏文化、黄河文化相互交融的少数民族体育旅游资源,也拥有一定数量的场馆建筑体育旅游资源。

（3）体育旅游资源特色鲜明,文化种类丰富。宁夏是全国唯一一个回族自治区,黄河文化、西夏文化体育旅游资源和少数民族体育旅游资源彼此交织,形成了特色鲜明、文化种类丰富的体育旅游产业,无时无刻向世界展示着宁夏文化的魅力。

图 8-2

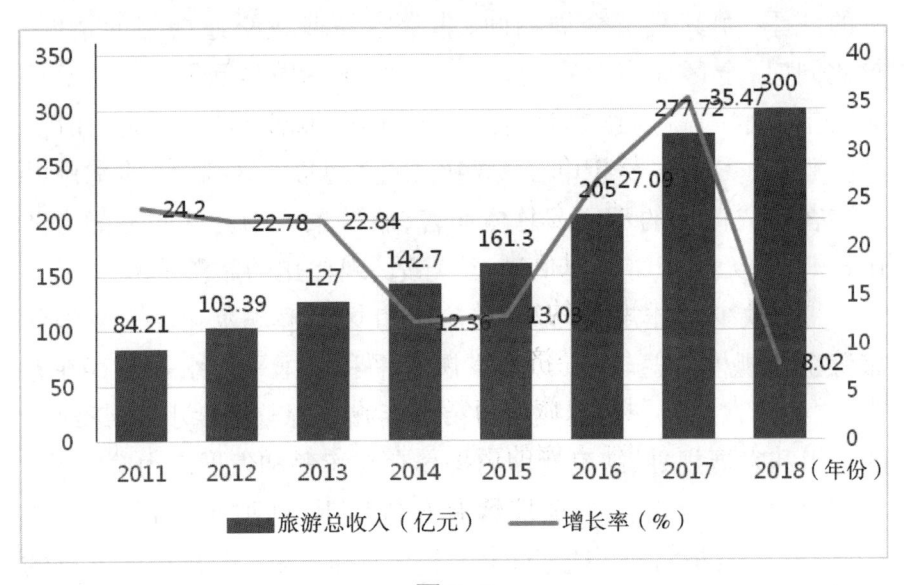

图 8-3

（4）自然体育旅游资源富饶，民俗体育项目类型丰富。"旅游来宁夏，给心灵放个假"，作为塞上江南的宁夏拥有着腾格里沙漠、乌兰布和沙漠以及毛乌素沙地资源和沙湖、鸣翠湖等湿地资源，不仅有漂流、冲浪等常见的体育项目，更有骑马、射箭、滑沙等特色体育项目。丰富多样的民俗体育项目既增强了游客的体验感，也加深了游客对黄河文化、西夏文化的了解。

（二）宁夏体育旅游资源的劣势分析

（1）体育旅游项目开发与创新的投资力度不够，整体结构规划布局不合理，体育旅游发展要素之间彼此缺乏联系。宁夏作为中华文明发源地之一，虽然拥有多种文化，如黄河文化、丝绸文化、西夏文化，但是对这些丰富的旅游文化资源开发利用不足，没有设计出独特的体育文化旅游路线，缺少了精神文化旅游的追求，这也导致了游客的回头率较低。

（2）体育旅游交通通讯基础设施薄弱，公共服务能力落后。宁夏地区目前还没有建成高铁、地铁等交通设施，这给游客的出行带来不便。通往一些景点的道路也没有进行相应的扩建，在旅游的旺季，尤其是黄金周期间，非常容易造成交通拥堵的情况。与此同时，全区住宿存在数量不足、分布不均等问题：宁夏地区的三星以上的高档宾馆、酒店只有50家，床位不足。不仅如此，这些酒店、宾馆主要集中在一些经济发达的地区，这给前来旅游的游客造成极大的不便。总体而言，旅游景区的公共服务能力还比较薄弱，无法为游客提供满意、舒适、现代化的旅游体验。

（3）缺少总体规划与约束，旅游市场不够规范化。宁夏地区旅游企业规模普遍较小，经济发展水平和全国平均水平还存在差距，这些因素彼此交织导致旅游市场存在资源整合度小，缺乏统一的组织和发展规划、缺乏有序的市场存在竞争和发展潜力等问题。

（4）缺少名片。宁夏虽然拥有贺兰山、沙坡头、西夏王陵等优质景点，但是对这些景点的宣传力度却不够，没有利用现有的多媒体、互联网技术对景区进行全面的宣传，导致大家对宁夏许多景点了解不足。

（5）重开发，轻保护。当地体育旅游开发当中对资源与环境的保护意识淡薄，在旅游景点的开发过程中没有考虑到环境污染，景区缺乏完善的垃圾回收措施，对于景区的长期发展不利。

（6）体育旅游企业缺乏专业的服务人员。宁夏地区有着丰富的民俗文化,也由此形成了极具特色的体育项目。但特色的项目更需要专业的服务人员,目前对景区服务人员缺少专业的培训。

(7)体育旅游产品效应推广力度小,还没有形成大范围内体育旅游项目的综合开发以及综合体育旅游网络服务。

(8)传统体育旅游项目开发不足。目前宁夏地区的体育旅游资源较为丰富,但大多数还是集中在现代体育项目中,对传统体育尤其是民俗体育项目开发不足。

(9)信息技术支撑能力较弱。虽然宁夏全区信息化建设取得重大突破,但是在与体育旅游项目的结合上还存在不足,造成游客信息获取不畅通、旅游体验不充分、旅游行程不方便等一系列问题。如何有效地将智能化信息技术同体育旅游资源紧密整合、无缝对接将是旅游发展的一大关键。

(三)宁夏体育旅游资源的机会分析

(1)时代发展为宁夏体育旅游资源的开发带来了发展机遇。互联网时代的到来对于为西北偏远的宁夏带来了大力发展的机会,使得全中国乃至全世界有足够的手段与渠道来接触宁夏这片塞上"神秘之地"。同时对于宁夏自身来说,与互联网的结合也使得其文化多样性有了更好的表达方式。此外,国民经济步入"新常态",旅游业作为现代服务业的龙头产业,将在稳增长、调结构中扮演重要角色,这也是宁夏体育旅游发展的时代机遇。

(2)政策的支持为宁夏体育旅游资源的发展提供了有力保障。中共中央在第十七届六中全会上提出的文化大发展大繁荣的方针政策为宁夏的文化产业和旅游产业融合提供了原动力。国家实施的"一带一路"重大战略,赋予"古丝绸之路"重要通道上的宁夏"打造丝绸之路经济带战略支点"的新使命。这将进一步释放宁夏对外开放的机会,促进其体育旅游产业的大力发展。

(3)自身完备为宁夏体育旅游资源的开发创造了基本条件。存在于12—13世纪的西夏王朝曾经与辽、宋对峙,延续多年,文化灿烂,留下了以西夏王陵为代表的丰富历史遗迹,其神秘性在中国地域文化中独树一帜,其保存完好的历史文化条件为未来旅游业的开发带来了有利条件。此外,宁夏内陆开放型经济试验区是我国内陆地区首个也是唯一一个覆盖整个省级区域的试验区;而《宁夏内陆开放型经济实验区规划》明确提出"打造特色鲜明国际旅游目的地"的战略目标,这为宁夏体育旅游发展提供了先行先试的机遇。

(4)集团介入为宁夏体育旅游资源的开发提供了强大助力。宁夏资源的丰富性和旅游前景引得全国各大集团的广泛关注。中国最大的旅游集团中国港中旅集团对宁夏市场的投入吸引了国内外上百家旅行社来宁考察,给宁夏体育旅游产业的发展带来了新的机遇。

(四)宁夏体育旅游资源的威胁分析

(1)本土旅游资源与其他地区的竞争对宁夏体育旅游资源的发展造成一定威胁,主要体现为以下几点:

①与本地旅游资源相似的周边旅游地区的竞争:与本土旅游资源相似的其他地区旅游资源的存在使得文化具有可替代性,例如甘肃敦煌壁画等。这些已经拥有高知名度的相似旅游资源可能将游客截流,给宁夏旅游业发展带来不小的压力。

②与发达地区更为新颖的旅游资源的竞争:国内发达地区的旅游资源不仅丰富新颖,而且管理政策先进开明,例如上海迪士尼乐园、北京欢乐谷、深圳世界之窗、苏杭水乡小镇等,这些近年来崛起的新兴文化产业与处于西北部相对保守的内陆旅游资源相比,更加容易获得年轻人的青睐,而其发达的交通与运输又占有极大优势,这给宁夏地区体育旅游资源的发展带来一定的冲击。

③与国外文化旅游资源的竞争:随着国家加大改革开放力度,国外优质文化资源与惠民政策吸引着大批国内游客赴境外旅游,例如泰国、日本、韩国、马来西亚等这些周边国家。这一现状

给国内包括宁夏体育旅游产业的发展带来严重挑战。

（2）现代化的加速可能使得传统建筑群以及传统文化流失，对宁夏体育旅游资源的发展造成一定威胁。宁夏旅游资源不仅面对着与其他地区竞争的风险，在其经济发展过程中更面临着传统文化及建筑群的资源流失。现代化步伐的逐渐加快使得宁夏城市建设越来越国际化，随之而来的便是传统建筑群以及传统文化的逐渐丢失，这一问题在我国经济发展中一直存在，也给宁夏传统体育旅游资源的发展带来了一定的威胁。

（3）发展过程中经济与环境的不平衡对宁夏体育旅游资源的发展造成一定威胁。我国是发展中国家，提高生产力是我们目前的首要任务。宁夏属于西部欠发达地区，经济发展压力大。在其追求快速经济发展的过程中，可能无法全面平衡经济发展与环境保护之间的关系，会对宁夏体育旅游资源的发展造成不良影响。

## 第二节　宁夏沿黄生态经济带体育旅游协同管理现状与存在问题

### 一、宁夏沿黄生态经济带的体育旅游资源

生态经济是指在生态系统承载能力范围内，合理利用自然资源，维护自然资源的生态平衡，实现自然生态与人类社会动态协调的经济。生态经济的本质是遵循生态规律和经济规律，把经济发展建立在生态环境可承受、自然环境可持续利用的基础之上，兼顾经济效益、社会效益和生态效益，建立经济、社会和生态环境良性循环的复合系统。①

宁夏沿黄生态经济带包括银川、石嘴山市全域，吴忠市利通区、青铜峡市，中卫市沙坡头区和中宁县，是宁夏经济发展的核心区，也是全区经济社会发展的精华地带。宁夏沿黄生态经济带在

---

① 李文庆.宁夏沿黄生态经济带绿色发展研究[J].新西部，2019（34）：48-52.

黄河流域生态安全格局中占有重要地位,这一地区以银川都市圈辐射带动,围绕基础设施互联互通、产业发展集群集聚、生态环境共保共治、公共服务共建共享、体制机制改革创新的要求,形成了错位发展、差异化发展,形成同城效应和整体优势。

宁夏沿黄生态经济带的体育旅游资源非常丰富,大概包括以下两种类型。

(一)自然体育旅游资源

自然体育旅游资源是指非人工形成的可供体育旅游活动利用的生态资源。宁夏地形以山地、高原为主,约占全区面积的3/4,复杂的地貌关系造就了宁夏得天独厚的体育旅游资源,使宁夏的自然体育旅游资源呈现出山脉、高原、平原、丘陵、河谷一应俱全的多样性景观。

宁夏自然体育旅游资源具有多样性,具体包含了生态体育旅游、沙漠体育旅游、水上体育旅游、冰上体育旅游以及空中体育旅游等类型,上一节已经提到,在此不再过多阐述。

(二)人文体育旅游资源

宁夏是中华文明的发祥地之一,从古至今遗留下了许多城池、楼阁、宫苑、佛塔、寺院、帝陵、长城等古迹,比较著名的有西夏王陵、西夏皇城、承天寺塔、海宝塔寺、鼓楼、明长城遗址、宏佛塔等,这些人文景点具有突出的史学价值和艺术价值。另外,流传于宁夏的主流文化(西夏文化、黄河文化)对推动宁夏体育文化旅游的发展起到巨大的作用。红色革命旅游纪念地(六盘山长征纪念亭、西吉县兴隆镇单家集红军长征遗址等)也是宁夏的一大体育旅游景观,为宁夏红色体育旅游的发展提供了良好的条件。

## 二、宁夏沿黄生态经济带体育旅游发展及协同管理的现状分析

### (一)借助体育旅游资源的优势开发特色旅游项目

宁夏沿黄生态经济带的地理位置和自然条件可以说是得天独厚,这就造就了该地丰富的旅游资源。被誉为"塞上江南"的宁夏是黄河的发源地,黄河流经沿黄生态经济带的大部分地区,河流资源优势为当地开发水上休闲体育项目如游泳、划船、漂流、冲浪、龙舟等提供了良好的自然条件。宁夏沿黄生态经济带的山林资源也很丰富,有贺兰山等著名景观,借助这一资源优势可以对登山、探险猎奇、滑草、攀岩等体育旅游项目进行开发。宁夏沿黄生态经济带的沙漠资源条件得天独厚,因此适合开展的体育旅游项目有滑沙、沙漠赛马、沙漠越野探险等。此外,宁夏沿黄生态经济带开发民俗类体育旅游项目也有资源优势,这主要体现在黄河文化、西夏文化等文化资源方面。开发民俗文化旅游也是体育旅游产业发展的一个重要趋势。

总之,宁夏沿黄生态经济带凭借自身丰富的体育旅游资源和独特的优势在开发特色体育旅游项目、开拓体育旅游市场方面的潜力都很大。

### (二)水上体育旅游发展良好

母亲河黄河给宁夏沿黄生态经济带的体育旅游带来了很大的发展空间,宁夏利用黄河水系建了许多水上公园,如大小西湖、北塔湖、宝湖、高台寺湖、连湖、鸣翠湖、鹤泉湖等,并成功举办了一些重大的国际体育赛事,如2009年在星海湖举办了全国摩托艇锦标赛和中美滑水精英赛,国家体育总局给星海湖授予"国家体育总局水上运动中心水上运动训练基地"的牌匾;自2009年开始还举办了两届冰上龙舟赛;2011年在银川鸣翠湖国家湿地

成功举办了全国休闲体育大会垂钓大赛。宁夏中卫市沙坡头区的虹河水上乐园位于城区南大街向南3公里处黄河中央,三岛相连,四面环水,开发了快艇环岛游、羊皮筏漂流等旅游服务项目;石嘴山的沙湖被誉为"塞上旅游明珠",是人们休闲娱乐的好地方,这里举办过沙湖龙舟邀请赛、游泳大赛、沙湖荷花艺术节等活动。吴忠滨河湿地自建设生态恢复与保护工程以来,已完成了休闲娱乐区10公里的景观带建设。为使滨河区域的吸引力更强,地方部门在滨河区域建设生态农庄、水上乐园、滨河大道景观带等多个生态建设项目。总体来说,宁夏沿黄生态经济带依托丰富的水资源开发了众多水上体育旅游项目,推动了这一经济带旅游业与体育产业的融合发展及协同管理。

(三)沙漠体育旅游广受欢迎

沙漠是宁夏沿黄生态经济带非常重要的自然资源,这类资源与人类经济活动有很大的关系,而且可以持续利用。在国家提倡发展循环型经济、创建节约型社会的当下,充分利用宁夏沿黄生态经济带的沙漠资源来开发体育旅游,推动体育产业与旅游产业的协同管理,具有造福于民的现实意义和统筹人与自然和谐发展的历史意义。

宁夏沿黄生态经济带的沙漠体育旅游项目种类繁多,备受人们青睐。宁夏体育局以沙坡头、沙湖开展的沙漠体育项目为基础,积极开发了大漠体育公园等新的沙漠体育项目,并深入挖掘开发其他沙漠资源,根据各自特色加强资源整合,形成沙坡头—沙湖—大漠体育公园三角形国际沙漠体育运动基地,建设了宁夏大漠体育公园、沙漠体育知识博物馆,举办了大漠国际沙雕大赛、全区性沙漠体育运动会、中国宁夏国际沙漠旅游文化节、全国首届大漠健身运动会、宁夏大漠黄河铁人三项国际邀请赛、中国(沙坡头)沙漠马拉松万人徒步穿越赛等一系列大型比赛,还举办了全国沙漠体育运动发展论坛,成立了"中国沙漠体育运动协会"和"中国国际沙漠体育运动俱乐部",沙坡头大漠体育公园还被国家体育总局命名为"中国全民健身著名景观"。由此可见,宁夏沿黄生态经济带的沙漠体育旅游备受政府重视并广受游客欢迎。

（四）中华传统体育旅游的开发受到重视

中华传统体育是宁夏体育事业的一道亮丽风景线,不仅向人们展示了民族风情,也向世人展示了独具特色的体育文化,其中有许多项目被列为民族文化保护遗产,如木球、踏脚、下方棋等。近年来,中华传统体育越来越受人们的关注,无论是在大众体育、竞技体育还是学校体育中占有相当的比重,为我国从体育大国迈进体育强国奉献出了一份力量。中华传统体育从大众健身到校本课程再到竞技体育范畴的良性发展,给宁夏体育事业乃至中国体育事业注入了新鲜的血液,同时也让世人看到了中国体育的博大精深。在宁夏回族自治区举行的以"平等、团结、拼搏、奋进"为主题的少数民族传统体育运动会上,运动员们以其健康积极,努力拼搏的精神面貌和技术风格博得众彩,吸引了大量的游客。

## 三、宁夏沿黄生态经济带体育旅游发展及协同管理存在的问题

（一）资金投入不足

宁夏沿黄生态经济带体育旅游发展及协同管理中存在着资金投入不足的问题。"政府主导、市场运作、社会参与",这是宁夏沿黄生态经济带体育旅游业发展采取的主要模式,在这一模式的运行中,资金投入明显不足,缺乏从多个渠道招商引资的意识,没有形成良好的投资环境。资金方面问题的存在与宁夏沿黄生态经济带体育旅游业的发展格局有关,主要表现为规模小,气势弱,项目散且杂,产业机制不够灵活,市场竞争力不强。宁夏沿黄生态经济带虽然体育旅游资源丰富,但因为缺少资金支持,所以产业开发层次不高,很多资源都有待开发或进一步深入开发。宁夏

沿黄生态经济带体育旅游景点缺少完善的配套设施、景点结构不够多元、对景点宣传不到位等都与资金的投入不足有很大的关系。

另外,因为缺少资金保障,导致宁夏沿黄生态经济带的体育旅游资源未得到优化整合,缺少突破性创新,而且体育旅游景点的消费时段也比较短,体育旅游产业的复合型开发理念未能落实,旅游资源优势向旅游产品优势的转化受阻。这些问题直接影响了游客的体验,影响了旅游区的发展规模及经济效益。资金投入少使得宁夏沿黄生态经济带的体育旅游产业很难被培育成为享誉中外的优势特色产业。

（二）缺乏宣传

旅游景区知名度的高低、王牌景点的多少及影响力直接影响游客选择旅游目的地的动机。对任何地方的旅游景点来说,要吸引游客,都必须要有良好的知名度,这是一张不可或缺的名片。宁夏沿黄生态经济带虽然有很多著名的旅游景点,但因为缺少宣传,缺少人气效应,所以品牌路线无法做大做强,产业结构不够系统、全面。

宁夏沿黄生态经济带上的各地有关部门虽然也在宣传本地的体育旅游资源,但宣传媒介以传统媒介为主,对现代宣传媒介的运用不多,宣传面不广,传播平台少。另外,宁夏沿黄生态经济带对外宣传体育旅游资源时,各行业相对比较分裂,如旅行社、酒店、饭店都在宣传自己的特色和优惠,缺少合作,甚至还会展开竞争,如此分裂化的宣传使得游客无法准确捕捉旅游地的综合吸引力。另外,宁夏沿黄生态经济带上各旅游景点之间存在明显的竞争性,缺乏合作,甚至还有恶性竞争的问题,导致这一地带的体育旅游产业缺乏良好的开发环境,对外的整体知名度较低,难以大规模拓展客源市场,加大客流量,最终制约了宁夏沿黄生态经济带体育旅游产业的发展水平及协同管理效果。

### (三)体育赛事旅游发展水平低

依托体育赛事发展体育旅游产业是非常重要的方式,体育赛事是非常重要的一类体育旅游资源。高水平体育赛事中,运动员竞技水平高超,赛场氛围激烈,能够吸引广大体育爱好者前往赛事举办地观赛、旅游,城市对游客的吸引力足以见证其知名度,也能体现出其在与其他旅游地的竞争中拥有的优势。目前来看,宁夏沿黄生态经济带上的城市承办的体育赛事并不多,大规模的赛事就更少了,体育赛事旅游发展水平较低影响了这一地带体育旅游产业的整体发展。

### (四)对体育旅游资源中文化内涵的挖掘不够深入

体育旅游产业的发展不能没有灵魂,文化就是这一产业的灵魂,它也是非常重要的旅游资源之一,属于隐性旅游资源,这种潜在的资源必须要深入开发才能彰显其价值。作为中华文明的一个重要发祥地,宁夏汇聚了黄河文化、丝路文化、大漠文化、西夏文化等博大精深、丰富多彩的历史文化资源,这些历史遗产的文化内涵丰富且深邃,因为它们的存在,宁夏给人一种古老的神秘感。宁夏沿黄生态经济带的文化旅游资源极其丰富,这些隐藏着深刻文化意蕴的旅游资源是在漫长的发展历史中产生的,挖掘与开发这些文化资源必须注意层次上的深入性,从深层次的文化视角出发来对旅游路线进行设计,从而将宁夏沿黄生态经济带体育旅游文化的唯一性、独特性凸显出来。但目前来看,有关部门在这方面做得不到位,只是在浅层次上开发利用体育旅游资源,而且以开发观光类旅游资源为主,开发的旅游项目缺少文化意蕴和文化精髓,无法满足游客对精神文化的追求。

民俗文化是宁夏沿黄生态经济带独特的体育旅游资源,在这类资源的开发方面,宁夏比其他地区明显要有优势。体育旅游产业的发展也为宁夏民俗文化的传播提供了良好的平台。近年来,宁夏沿黄生态经济带在开发民俗体育旅游上取得了一定的成果，民俗文化游等特性旅游项目吸引了一部分游客，但在开发中也存在不少问题，如不注重保护历史遗产和民俗文化，将现代化的不和谐因素加入原始性文化旅游资源的开发中，影响游客正确认识传统文化的本真，违背了开发原始性文化旅游资源的初衷，不利于传播与传承优秀的民族体育文化。

### （五）没有形成系统的产业发展模式

宁夏沿黄生态经济带体育旅游产业的开发模式不够系统，设置体育项目的旅游景点并不多，旅游企业在这方面大都只是进行尝试性开发，投入的财力、物力、人力等各类资源相当有限，这就制约了宁夏沿黄生态经济带体育旅游产业规模的扩大与系统化产业发展模式的形成。设置体育项目的一些旅游景点取得了较好的成效，但进一步开发体育旅游项目的力度还是不够大，所以体育旅游带动当地经济发展的成效不够明显。

### （六）缺乏高素质的专业团队

在体育旅游产业的发展中，旅行社是非常重要的支柱产业，它对体育旅游业的贡献及价值是其他产业所不可替代的。有关调查发现，宁夏沿黄生态经济带旅行社的从业人员数量少，综合素质不高，这是这一地带体育旅游业迟迟发展不起来而且管理效果甚微的一个重要原因。

旅行社现有的从业人员缺乏专业素养和丰富的服务经验，所以旅行社的服务质量不高，怠慢游客的现象经常发生，甚至一些知名景区也有这种情况。宁夏沿黄生态经济带乃至整个宁夏地区体育旅游产业的经营管理都因缺乏高素质的专业队伍而处于较低水平，宁夏回族自治区体育旅游产业乃至整个旅游业的整体形象也大大受损，广大游客对高质量体育旅游服务的需求得不到满足。

## （七）管理体制欠缺

### 1. 缺乏制度化管理

在宁夏沿黄生态经济带体育旅游产业的协同管理中存在管理分散的问题，很多旅游项目中都可以融入体育元素，设置体育项目，从而形成新的体育旅游项目，这样一方面使体育旅游产业的市场适应性得到了提升，但另一方面也给体育旅游产业协同管理制度的改革与落实带来了一些阻碍。

### 2. 缺乏规范化管理

作为新兴产业，体育旅游产业在协同管理中很多方面都处于空白状态，管理严重缺失，监管不到位、不规范，细节管理被忽视，资金分配不合理，人员管理不严谨，甚至对于打法律"擦边球"的市场行为视而不见，从而影响了宁夏沿黄生态经济带体育旅游产业的健康持续发展。

### 3. 缺乏安全化管理

因为体育运动本身的特殊性，以"体育＋旅游"为基础内容的体育旅游产业中不可避免地要开发一些有风险的户外体育旅游项目，以满足游客的冒险心理和刺激需求。开发户外体育旅游项目，尤其要重视安全问题，提高安全意识，加强防范与管理，以保障游客的安全。但目前来看，在宁夏沿黄生态经济带户外体育旅游项目的开发中，有关部门和企业缺乏安全管理意识，没有明确针对不同风险级别的项目提出安全管理措施，导致一些游客在攀岩、蹦极等极限户外旅游项目中发生安全事故。

### 4. 缺乏人性化管理

在互联网＋背景下，体育旅游产业的现代化管理、多元化管理越来越受重视，但人本管理理念还没有充分落实，缺少人性化管理,这也是影响宁夏沿黄生态经济带体育旅游产业协同发展及管理的一个重要原因。

## 第三节 宁夏沿黄生态经济带体育旅游协同管理的策略

### 一、宁夏体育旅游资源开发的策略

(一)加快基础设施建设,保障基本基础设施需求

要想促进宁夏体育旅游资源发展,首先需要保障最基本的基础设施需要,以此提出以下几点建议:

(1)拓宽和修缮通往景区的道路,尽量缓解由于私家车的增多带来交通拥堵现象。

(2)加强公共交通建设,为中短途游客提供便利的公共交通服务,减少中短途游客因为公共交通不便,从而自驾游带来的交通拥堵现象。

(3)满足长途游客的基本公共服务需求,例如清晰明朗的旅游规划图和景区示意图;满足长途旅客最基本的住宿需求,以体育旅游为依托,着手打造宁夏3星以上的中高档酒店,满足游客最基本要求的同时,提高游客体验度。

(4)合理规划景区停车场和车位供应,形成景区合理的交通疏通体系,尽量满足自驾游乘客的车位需求,减少由于景区停车场车位拥挤、交通不便等带来不好的旅游体验。

(二)统筹全区体育旅游资源,合理规划体育旅游布局

将全区体育旅游资源进行整合,根据历史文化名城、古城遗址、沙漠绿洲、现代旅游项目(民族特色体验、特色小吃等)等不同分类,着手将所有旅游资源进行合理划区,形成吃、住、行、游、娱、购一体化体育旅游体验。

## （三）加强体育旅游服务行业管理，形成行业间良性竞争

（1）由旅游主管部门牵头，制定形成合理可行的体育旅游服务业的行为规范，提高体育旅游服务行业的综合服务水平。

（2）建立旅游主管部门监督体系，防止并尽量杜绝由于各体育旅游服务行业的抢客压价行为。

（3）建立大众举报热线，对于个别体育旅游服务行业因为低价团而压客欺客行为进行强有力监督，也为主管部门提供有力的证据支持。

## （四）借助现有媒体媒介，打造"最美宁夏"新名片

着手打造"最美宁夏"新名片，借助现有的公共媒体、广告媒介、自媒体、官微、公众号等宣传手段，突出宁夏体育旅游资源特色，为游客提供更加现代化、信息化、智能化的旅游体验。

## （五）制订合理开发计划，形成开发保护并重体系

（1）对于宁夏特色景区以及特色体育旅游资源的开发，要制订合理的开发计划，防止因为肆意开发、过度开发导致的体育旅游资源不可逆的损失。

（2）在开发体育旅游资源时，要加强与环保部门的合作，形成环保科学的开发模式，防止在开发体育旅游资源的同时，对自然环境造成严重且难以治理的污染。

## （六）着手打造优良服务体系，加强游客体育旅游体验

打造良好的服务体系，从吃、住、行、游、娱、购各个方面着手，保证游客吃得安心、住得舒心、行得畅心、游得悦心、娱得开心、购得放心，全方位打造游客全新的体育旅游体验。综合旅游景区特色，开发更多具有体验感、娱乐性、健康安全、形式多样的体育旅游项目，丰富宁夏的体育旅游资源。

### （七）突出特色旅游景区，带动周边旅游发展

着手打造特色旅游区，突出形成名片式、地标式景区效应，以此特色景区为依托，将周边其他景点纳入特色旅游区中，以此带动周边旅游项目的发展。

### （八）以点及面，发展"特色旅游带"项目

"以点及面"突出宁夏新特色，借助其独特的地理优势和环境优势，自治区的民族特色和民族风情，特色人文和水文条件，凝炼地区特色、地域特色，打造"特色旅游带"，进而打造宁夏特色。

## 二、宁夏沿黄生态经济带体育旅游协同管理与发展的策略

### （一）提高体育旅游业发展的实力和活力

体育旅游产业具有综合性，跨行业、跨地区是其综合性的主要表现。开发综合性的体育旅游产业，要求树立"大"观念，即大旅游、大产业、大市场，政府、旅游管理部门及旅游相关企业等协同将体育旅游产业做大。宁夏沿黄生态经济带应结合本地的资源环境、经济发展现状来为本地体育旅游产业制订发展规划，产业布局要从宏观着手，使本地体育旅游产业的发展与城市发展相协调、与生态环境相协调，与相关行业的发展规划相适应，通过优势互补实现协同发展，进而促进本地经济发展水平的提高。加强体育旅游产业协同管理，政府要加强宏观调控，完善调控体系与宏观管理机制。为提高体育旅游产业的市场化运作效率，还应突破行业界限，打破区域壁垒，将宁夏沿黄生态经济带上丰富多样的体育旅游资源盘活，在利益驱动机制下探索多元化的协同发展模式及管理机制。

## （二）探索体育非遗旅游开发模式

### 1.政府主导,提供政策支持

宁夏地区非常重视发展旅游产业,并明确提出要把这一产业"做大做强",宁夏旅游发展委员会充分发挥自身职能,为宁夏旅游区招商引资,跨行业整合优势资源,结合地方资源优势制订发展规划,建设旅游示范区,出台一系列新政策来支持宁夏沿黄生态经济带旅游、体育旅游及体育非遗旅游的发展。为推动体育非遗旅游的发展,相关景区要与体育非遗传承人展开合作,从市场化角度开发体育非遗资源时充分发挥传承人的作用,以保护非遗资源,避免因开发不合理造成的损失。

### 2.发挥传承人的作用

开发宁夏沿黄生态经济带的体育非遗旅游资源,加强非遗传承人与景区的合作,这样能够保护非遗资源,也能提高景区非遗旅游资源的影响力。但要注意避免陷入利益分配的矛盾中,旅游景区可通过技术入股的方式邀请传承人合作,在这个合作关系中倡导"获利分配",这样能够使传承人的顾虑消除。获利分配方案的制定应由旅游景区和传承人共同完成,双方签署合作协议,将各自的权利、职责及获利明确下来,避免出现利益纠纷问题。技术入股、获利分配的合作方式充分保障了宁夏沿黄生态经济带体育非遗旅游资源的深度开发,也能使这一地带体育旅游景区的品质得到提升。

### 3.加大人才支持力度

人才支持是宁夏沿黄生态经济带开发体育非遗旅游一个重要保障。宁夏沿黄生态经济带开发体育非遗旅游资源需要有专业的旅游人才,包括体育表演人才、体育产业方面的人才、体育活动编排人才等,这些人才能够在创编体育非遗剧目、改良体育非遗资源、设计民族体育用品中发挥自己的价值与优势。另外，软件开发人才、网络技术人才也很重要，这些人才主要在体育非遗旅游产品的网络营销中发挥作用。鉴于专业人才的重要性，宁夏沿黄生态经济带在体育非遗旅游的开发中应特别重视对专业人才的培养。

（三）通过联合、互补来增加体育旅游业的市场份额

宁夏沿黄生态经济带在开发体育旅游产业，加强体育旅游产业协同管理的过程中既要考虑本地区的经济现状，又要与周边地区加强横向合作，走联动发展之路。横向合作的原则是互惠互利，在合作中要建立资源共享机制，共同拓展市场，共同开发客源地。与宁夏回族自治区相邻的省区有甘肃、青海、陕西、内蒙古等，这些省区人文历史悠久，生态旅游资源丰富，宁夏沿黄生态经济带应发挥自身的地理优势，与这些省区密切合作，共享旅游资源，形成良性的资源互补效应，同时相互之间还要保持旅游信息沟通的通畅性，互相为对方输送客源，以扩大各自的体育旅游市场规模。有关部门要针对宁夏及周边省区的体育旅游产业制定区域联动发展方案，加强营销互动、资金联动、资源互补、客流联动，同时在区域旅游市场的开发与拓展中采用现代网络技术来提高网络营销的效率，以创新化的发展与管理机制来为宁夏沿黄生态经济带体育旅游产业的可持续发展提供方向与指引。宁夏沿黄生态经济带的旅游部门、体育部门在开发体育旅游资源的过程中，还要注意与相关产业部门的合作，建立部门间的联动机制，从而实现相关行业的协同发展，提高协同管理效率。

另外，宁夏沿黄生态经济带要将本地区特色鲜明的体育旅游产品全方位、多角度呈现给游客，积极调整本地体育旅游产品结构，将穿越沙漠游等作为重点宣传的旅游项目，使游客看到宁夏体育旅游项目的独特性。宁夏沿黄生态经济带的体育旅游景区及有关行业部门还应积极参加国内外旅游交易、交流活动，从宏

观层面上加强统一布局,使得宁夏与周边地区联合起来将丝绸旅游线路、西部帝陵旅游线路推向国际旅游市场。

(四)加大宣传促销力度

宣传不到位、促销乏力是影响宁夏沿黄生态经济带体育旅游产业发展及协同管理的一个重要因素。要想使宁夏沿黄生态经济带的体育旅游产业实现持续发展,就必须采取"走出去"的发展战略,创建能够代表本地旅游特色和旅游优势的品牌,在旅游宣传中确定一个吸引人的主题,扩大宣传面,加大促销力度。

在针对体育旅游项目的宣传促销中,可发挥各地的旅游资源优势,走联合互动的宣传道路,建立西北旅游联合体,构建特色化体育旅游经济圈,为宣传宁夏沿黄生态经济带的体育旅游项目提供一个更大的平台。具体来说,可采取的宣传促销手段有建立宁夏沿黄生态经济带体育旅游互联网站;设立宁夏体育旅游频道;开展体育旅游宣传促销活动和市场巡回宣传活动,形成辐射效应;和客源地友好往来,不断巩固已有客源市场,同时对新的客源市场积极培育。总之,宁夏沿黄生态经济带在宣传促销方面应做到多角度宣传、全方位宣传,将软宣传与硬宣传结合起来。

(五)增加体育旅游项目的文化含量

宁夏历史文化悠久,拥有世界级、国家级等各级别的历史文化遗产多处。例如长城文化、黄河文化、灌溉文化、丝路文化、岩窟文化等都是宁夏比较有代表性的历史文化遗产。因此,宁夏政府和旅游部门应充分挖掘和发挥宁夏特色的历史文化、民族民俗文化等,并与体育旅游密切结合,使静态的景点旅游加入动态的体育表演等。另外,还要加强人文景观与自然风光的结合,提高自然景观的文化内涵,以满足一些参加体育旅游的游客们的需要。同时,可以根据具体情况将体育旅游与现代的人工文化景点有机融合,探索宁夏文化与体育旅游的最佳结合,从而开拓宁夏地区新型的体育旅游市场。

(六)提高体育旅游产业从业者的业务素质

宁夏沿黄生态经济带在体育旅游产业管理中应加强对体育旅游从业者的全面培训,促进从业者专业素养及业务能力的提升,从而提高体育旅游业的服务质量和水准。体育旅游专业队伍既要有好的形象、气质,又要有好的素质和服务态度,要体现出良好的综合素质。另外,对高级专业人才的培养很重要,要积极将旅游行业的高端人才引进体育旅游业中,将国内外相关人才充实到体育旅游专业人才队伍中,使宁夏沿黄生态经济带体育旅游业的人才队伍不断壮大。

除培养专业人才外,对相关行业服务人员的培养及管理同样非常重要,如旅游景区的服务人员、餐饮行业的服务人员、酒店行业的服务人员、旅行社的导游及其他业务人员等,在这些相关行业服务人员的培养中,职业素养、道德素养的培养很重要,要使服务人员以良好的综合素质和服务态度为游客提供优质满意的服务。对于导游人员的培养,要严格落实持证上岗制度,加强职业资格培训,使旅游队伍既有良好的政治素质和道德素质,又有高超的业务能力。

(七)改善生态环境、发展生态体育旅游

宁夏沿黄生态经济带上的地方政府应该积极调动一切力量切实做好生态环境的保护工作,如退耕还草、防风固沙等,以促进宁夏生态环境的改善与优化,为旅游者提供良好的旅游环境。开发宁夏沿黄生态经济带的体育旅游资源,必须摒弃不良开发行为和对生态环境有破坏性的行为,如滥采滥挖、过度开发等,只有尊重自然,爱护自然资源,树立可持续发展理念,才能将宁夏沿黄生态经济带的生态体育旅游开发得更好。

## （八）完善体育旅游产业协同管理制度和管理规范

### 1. 完善管理制度

针对目前宁夏沿黄生态经济带体育旅游产业管理制度欠缺的问题，各企业要不断强调本地体育旅游的特色，树立品牌，为继续完善体育旅游产业协同管理制度打好基础。

### 2. 统一管理规范

管理规范的缺乏导致宁夏沿黄生态经济带体育旅游企业的发展思路存在差异，短时间内这种差异不能明显缩小，所以有关部门应树立产业标杆，使体育旅游产业的管理规范逐步趋于统一。

## （九）强化风险防范与科学管理

### 1. 强化综合治理

对于体育旅游风险要加强综合管理与治理，这就需要有关部门建立健全法律体系，严格提出防范管理要求，明确宁夏沿黄生态经济带旅游企业与管理者各自的职责，形成联动机制，以加强对旅游风险的预防。

### 2. 增加技术投入

风险防范需要技术手段作保障，这就需要投入大量的技术设备。宁夏地区相关部门应该严格选拔专业技术人员，重视对专业技术人员的培养，加强专业技术培训，使专业人员对体育旅游设备进行常态化检修，并针对各类风险及时出台应急处置方案，有序开展风险预防与管理工作。

# 参考文献

[1] 闫立亮,李琳琳.环渤海体育旅游带的构建与大型体育赛事互动的研究[M].济南:山东人民出版社,2010.

[2] 杨明.中国体育用品制造产业集群发展模式研究[M].杭州:浙江大学出版社,2016.

[3][美]威廉·维尔斯曼著,袁振国译.教育研究方法导论[M].教育科学出版社,1997.

[4] 于素梅等.中国体育旅游研究[M].北京:中国水利水电出版社,2008.

[5] 陶宇平.体育旅游学概论[M].北京:人民体育出版社,2012.

6] 柳伯力.体育旅游概论[M].北京:人民体育出版社,2013.

7][英]维德,[英]布尔.体育旅游[M].天津:南开大学出版社,2006.

[8] 李伟,王莉.体育与旅游产业融合的创新机制研究[J].山东体育学院学报,2016,32（06）:28-31.

[9] 杨强.体育旅游产业融合发展的动力与路径机制[J].体育学刊,2016,23（04）:55-62.

[10] 王鲁云.宁夏旅游资源特征及其开发[J].中国商贸,2010（02）:133-134.

[11] 李文庆.宁夏沿黄生态经济带绿色发展研究[J].新西部,2019（34）:48-52.

[12] 张惠.宁夏回族自治区发展体育旅游经济的战略思考[J].黑龙江民族丛刊,2017（02）:68-72.

[13] 殷鼎,史兵,马兆明,陈小蓉.宁夏体育非物质文化遗产特征及旅游开发研究[J].体育文化导刊,2017（07）：114-119.

[14] 杨巨峰,刘英.我国体育旅游产业的发展价值与管理策略[J].经营与管理,2014（01）：18-19.

[15] 王晓军.分析"互联网+"背景下户外体育旅游产业的管理与营销[J].时代经贸,2018（15）：32-33.

[16] 杨明,王新平,王龙飞.中国体育旅游产业集群研究[J].武汉体育学院学报,2009,43（01）：37-42.

[17] 李长柱,张大春.体育产业集群与东北冰雪体育旅游产业集群建构的研究[J].当代体育科技,2017,7（09）：183-184.

[18] 张玉兰.大型体育赛事对秦岭南麓旅游城市的影响分析及策略研究[J].渭南师范学院学报,2015（10）.

[19] 周海澜,罗露,郑丽.体育赛事推动体育旅游协同发展研究——以贵州遵义娄山关·海龙囤国际山地户外运动挑战赛为例[J].体育科技文献通报,2016,24（05）：35-37.

[20] 高野.我国冰雪体育旅游现状及发展策略探究[J].盐城工学院学报(社会科学版),2019,32（03）：93-95.

[21] 许向前,马德,刘文仲.冬奥背景下京津冀冰雪体育旅游协同发展可行性分析[J].当代体育科技,2018,8（09）：155-156.

[22] 许晓峰,王晶,王金福.河北省冰雪体育旅游的可持续发展研究[J].当代体育科技,2017,7（07）.

[23] 许晓峰,乔振赢,马虎.京津冀一体化背景下体育旅游协同发展路径研究[J].当代体育科技,2017,7（06）.

[24] 吴玲敏,任保国,和立新,冯海涛,林志刚.北京冬奥会推动京津冀冰雪旅游发展效应及协同推进策略研究[J].北京体育大学学报,2019,42（01）：50-59.

[25] 罗英梅.少数民族体育旅游的困境与出路研究[J].旅游纵览(下半月),2016（02）.

[26] 许璐.体育产业与旅游业融合发展模式的实证研究[D].武汉体育学院,2019.

[27] 谢经良. 体育旅游产业集群协同创新模式研究 [D]. 曲阜师范大学, 2015.

[28] 邢晓晨. 辽宁省体育旅游产业整合研究 [D]. 沈阳体育学院, 2010.

[29] 房亚男. 我国体育产业和旅游产业融合发展研究 [D]. 陕西师范大学, 2019.

[30] 聂翔. 善治视野下的旅游扶贫发展路径选择 [D]. 华中科技大学, 2009.

[31] 郭弓. 体育产业与旅游产业融合发展的创新驱动政策研究 [D]. 武汉体育学院, 2017.

[32] 王兵. 宁夏旅游资源开发中的政府职能研究 [D]. 陕西师范大学, 2014.

[33] 张文娜. 宁夏特色旅游资源开发研究 [D]. 中央民族大学, 2011.

[34] 马得平. 对宁夏回族自治区体育旅游发展的研究 [D]. 陕西师范大学, 2012.

[35] 孙春兰. 山东省文化旅游产业集群研究 [D]. 中国海洋大学, 2013.

[36] 孙东杰. 山东省体育产业集群发展策略研究 [D]. 中国矿业大学, 2016.

[37] 牛艳云. 基于 GEM 模型的旅游产业集群竞争力研究 [D]. 山东大学, 2007.

[38] 张家喜. 环太湖体育旅游产业集群发展的研究 [D]. 上海师范大学, 2016.

[39] 董嫚. 河南省体育产业与旅游产业整合及协同策略研究 [D]. 河南师范大学, 2017.

[40] 孙立艳. 吉林省少数民族体育旅游发展策略研究 [D]. 吉林大学, 2019.

[41] 金媛媛, 王宏威. 体育与旅游产业融合发展的路径与协同治理机制研究 [C]. 中国体育科学学会( China Sport Science

Society).2015第十届全国体育科学大会论文摘要汇编(二).中国体育科学学会(China Sport Science Society)：中国体育科学学会,2015：1611-1613.

[42] 安婧,叶海波,武俸羽.冬奥"红利"下京津冀冰雪旅游协同发展策略研究[C].中国体育科学学会.第十一届全国体育科学大会论文摘要汇编,2019：2.